纪律自觉养成课

本书编写组 ◎ 编著

人民日报出版社
北京

图书在版编目（CIP）数据

纪律自觉养成课 /《纪律自觉养成课》编写组编著. -- 北京 : 人民日报出版社, 2025. 4. -- ISBN 978-7-5115-8733-6

Ⅰ. D262.6

中国国家版本馆CIP数据核字第2025U9N504号

书　　名：	纪律自觉养成课	
	JILÜ ZIJUE YANGCHENGKE	
作　　者：	《纪律自觉养成课》编写组	
责任编辑：	孙　祺	
装帧设计：	元泰书装	
出版发行：	人民日报出版社	
社　　址：	北京金台西路2号	
邮政编码：	100733	
发行热线：	（010）65369509　65369512　65363531　65363528	
邮购热线：	（010）65369530　65363527	
编辑热线：	（010）65369518	
网　　址：	www.peopledailypress.com	
经　　销：	新华书店	
印　　刷：	大厂回族自治县彩虹印刷有限公司	
法律顾问：	北京科宇律师事务所　　（010）83622312	
开　　本：	710mm×1000mm　　1/16	
字　　数：	240千字	
印　　张：	18.25	
版　　次：	2025年7月第1版	
印　　次：	2025年7月第1次印刷	
书　　号：	ISBN 978-7-5115-8733-6	
定　　价：	58.00元	

如有印装质量问题，请与本社调换，电话：（010）65369463

出版说明

党的纪律是党的生命线，也是党员干部干事创业的安全线。我们党是靠革命理想和铁的纪律组织起来的马克思主义政党，纪律严明是党的光荣传统和独特优势。习近平总书记在中国共产党第二十届中央纪律检查委员会第四次全体会议上强调："加强党的纪律建设是一项经常性工作，要引导党员、干部把他律转化为自律，内化为日用而不觉的言行准则。"

党的纪律是党的各级组织和全体党员必须遵守的行为规则，是党在长期实践中形成的优良传统和工作惯例。纪律是成文的规矩，一些未明文列入纪律的规矩是不成文的纪律；纪律是刚性的规矩，一些未明文列入纪律的规矩是自我约束的纪律。纪律既是刚性的条文约束，更是根植于党员内心的坚定信仰和不可逾越的红线。党的纪律是带着强制性的，同时又建立在党员与干部的自觉性上，要靠广大党员自觉地遵守和执行来维护。广大党员、干部要养成纪律自觉，严格按党章标准要求自己，知边界、明底线，把他律要求转化为内在追求，自觉以身作则，发挥表率作用。

为帮助广大党员、干部强化纪律意识，养成纪律自觉，我们组织编写《纪律自觉养成课》一书。全书围绕政治纪律、组织纪律、廉洁纪律、群众纪律、工作纪律、生活纪律六项纪律展开，系统构

纪律自觉养成课

建纪律知识体系。各部分下分设若干条目，对纪律要求进行细化分解，确保内容全面覆盖党员、干部工作与生活的各个场景。每个条目精心设置"核心要义""纪律阐释""条例链接"三个板块："核心要义"提纲挈领，精准提炼纪律要点；"纪律阐释"生动解读纪律要求在实践中的具体体现，点明容易出现问题的关键环节；"条例链接"援引《中国共产党纪律处分条例》原文，将具体行为规范与条例原文相对照，力求清晰展现纪律要求。这三个板块有机结合，让党员干部不仅知其然，更知其所以然，真正把握党纪精髓，明确党纪要求，从而实现从被动遵守到主动践行的转变。

本书以"纪律自觉养成课"作为书名，意在强调纪律自觉绝非与生俱来，而是需要通过持续学习、深刻领悟与躬身实践逐步养成。期望本书能够帮助广大党员、干部不断强化纪律意识，把遵规守纪刻印于心，内化为心中守则，不断增强纪律自觉、加强自我约束，做到不放纵、不越轨、不逾矩，清清白白做人、干干净净做事，努力创造经得起实践、人民、历史检验的实绩。

由于时间和水平所限，书中难免有疏漏和差错之处，敬请广大读者批评指正。

编　者

目 录

★ 政治纪律 ★

1. 在重大原则问题上必须同党中央保持一致 …………… 003
2. 严禁妄议党中央大政方针 …………………………… 007
3. 严禁发表、传播有严重政治问题的言论 ……………… 010
4. 严禁私自携带、寄递有严重政治问题的资料 ………… 015
5. 严禁私自阅看、浏览、收听有严重政治问题的资料 … 018
6. 不要结交政治骗子 …………………………………… 022
7. 严禁自行其是、搞山头主义 ………………………… 025
8. 贯彻党中央决策部署不能只表态不落实 …………… 028
9. 不得搞部门和地方保护主义 ………………………… 031
10. 不得搞劳民伤财的"形象工程""政绩工程" ………… 035
11. 不得搞两面派、做两面人 …………………………… 039
12. 不得对应当由党中央决定的重大政策问题擅作主张 … 042
13. 要按规定向组织请示、报告重大事项 ……………… 045

14. 不得干扰巡视巡察工作 …………………………… 048
15. 不得对抗组织审查 …………………………………… 051
16. 不得组织、参加反党集会等活动 ………………… 053
17. 不得组织、参加反党反社会主义组织 …………… 056
18. 不得组织、参加会道门或者邪教组织 …………… 058
19. 不得参加民族分裂活动 ……………………………… 060
20. 不得信仰宗教 ………………………………………… 063
21. 不得搞迷信活动 ……………………………………… 066
22. 在涉外活动中要避免有政治问题的言行 ………… 069
23. 必须认真履行全面从严治党主体责任、监督责任 … 072
24. 不得搞无原则一团和气 ……………………………… 075
25. 要严守党的优良传统和工作惯例等党的规矩 …… 078

★ 组织纪律 ★

26. 下级党组织不得擅自改变上级党组织决定 ……… 083
27. 必须服从党组织的分配、调动、交流等决定 …… 086
28. 在纪律审查中应严格履行作证义务 ………………… 089
29. 不得瞒报个人有关事项 ……………………………… 092

30. 面对谈话函询，要如实向组织说明问题 …………… 096

31. 要按要求如实报告个人去向 ………………………… 099

32. 不得违规组织、参加自发成立的老乡会、校友会、战友会 … 102

33. 不得搞拉票、助选、贿选 …………………………… 105

34. 严禁任人唯亲、排斥异己、封官许愿等行为 ……… 108

35. 谨防用人失察失误 …………………………………… 111

36. 不得在能上能下工作中搞好人主义 ………………… 114

37. 不得违规谋取人事利益 ……………………………… 117

38. 不得侵犯党员表决权、选举权和被选举权 ………… 120

39. 不得侵犯党员批评、检举、控告等民主权利 ……… 123

40. 不得违规发展党员 …………………………………… 127

41. 不得违规取得外国国籍 ……………………………… 130

42. 不得违规办理因私出国（境）证件 ………………… 133

★ 廉洁纪律 ★

43. 严禁任何滥用职权、谋求私利行为 ………………… 139

44. 不得纵容、默许身边人借势谋利 …………………… 142

45. 特定关系人不可挂名领薪 …………………………… 145

46. 不得收受可能影响公正执行公务的财物 …… *148*

47. 不得收受明显超出正常礼尚往来的财物 …… *151*

48. 不得赠送明显超出正常礼尚往来的财物 …… *154*

49. 不得违规借款、借物、借贷 …… *157*

50. 不得违规操办婚丧喜庆事宜 …… *160*

51. 不得接受、提供可能影响公正执行公务的活动安排 …… *164*

52. 不得违规出入私人会所 …… *166*

53. 不得违规从事营利活动 …… *168*

54. 不得违规兼职或违规兼职取酬 …… *171*

55. 离岗离职后不得违规从业 …… *174*

56. 离岗离职后不得违规谋利 …… *177*

57. 党员领导干部的配偶、子女及其配偶不得违规从业 …… *180*

58. 不得违规谋求特殊待遇 …… *183*

59. 不得在分配、购买住房中侵犯国家、集体利益 …… *186*

60. 不得侵占公私财物 …… *188*

61. 不得违规占用公物 …… *191*

62. 不得违规组织、参加公款宴请 …… *193*

63. 不得用公款旅游 …… *196*

64. 不得超标准配备、使用办公用房 …… *199*

⭐ 群众纪律 ⭐

65. 不得超标准、超范围向群众筹资筹劳 ······ 205

66. 不得干涉群众生产经营自主权 ······ 209

67. 不得在民生保障事项中优亲厚友 ······ 212

68. 不得欺压群众或纵容涉黑涉恶活动 ······ 215

69. 严禁不作为、乱作为、慢作为、假作为 ······ 218

70. 不得侵犯群众知情权 ······ 221

⭐ 工作纪律 ⭐

71. 新官不能不理旧账 ······ 227

72. 工作中要敢于斗争、勇于担当 ······ 230

73. 不得搞形式主义、官僚主义 ······ 233

74. 要正确履行用餐管理职责 ······ 236

75. 严禁不履行或者不正确履行信访工作职责 ······ 239

76. 对受处分党员要做好日常教育、管理和监督工作 ······ 242

77. 切勿滥用问责 ······ 245

78. 严禁统计造假 ·· 248

79. 严禁不报告、不如实报告工作情况 ······················ 251

80. 不得违规干预和插手市场经济活动 ······················ 253

81. 不得违规干预和插手司法及执纪执法活动 ············ 256

82. 严禁不按照规定报告或者登记干预和插手行为 ····· 259

83. 严禁泄露组织秘密 ··· 262

84. 严禁违反考试、录取工作规定 ·························· 265

85. 临时出国（境）不得擅自延长期限、变更路线 ····· 267

☆ 生活纪律 ☆

86. 不得铺张浪费、贪图享乐、追求低级趣味 ············ 273

87. 要重视家风建设 ·· 275

88. 在网络空间要言行得当 ··································· 278

政治纪律

1.
在重大原则问题上必须同党中央保持一致

★ 核心要义

党的十八大以来，我们全面加强党的领导，明确中国特色社会主义最本质的特征是中国共产党领导，中国特色社会主义制度的最大优势是中国共产党领导，中国共产党是最高政治领导力量，坚持党中央集中统一领导是最高政治原则，系统完善党的领导制度体系，全党自觉在思想上政治上行动上同党中央保持高度一致，不断提高政治判断力、政治领悟力、政治执行力，确保党中央权威和集中统一领导，确保党发挥总揽全局、协调各方的领导核心作用。这就要求在思想上政治上行动上全方位向党中央看齐，做到表里如一、知行合一。党员干部要做到，党中央提倡的坚决响应，党中央决定的坚决照办，党中央禁止的坚决杜绝，任何时候任何情况下都做到政治立场不移、政治方向不偏。

纪律自觉养成课

★ 纪律阐释

在党的纪律和规矩中，政治纪律和政治规矩是第一位的。对于共产党人来说，在重大原则问题上同党中央保持高度一致，是不可逾越的政治红线，是必须遵循的根本政治要求。

维护党中央权威和集中统一领导，是我们党在革命、建设、改革过程中总结出的重要经验。正是因为始终坚持党的集中统一领导，我们才能实现伟大历史转折，开启改革开放新时期和中华民族伟大复兴新征程；才能成功应对一系列重大风险挑战、克服无数艰难险阻，有力稳经济、促发展，战贫困、建小康，控疫情、抗大灾，应变局、化危机；才能攻克一个个看似不可攻克的难关险阻，创造一个个令人刮目相看的人间奇迹。每一个党的组织、每一名党员干部，无论处在哪个领域、哪个层级、哪个部门和单位，都要服从党中央集中统一领导，确保党中央令行禁止。任何试图背着党中央另搞一套的行为，都是对党的政治纪律和政治规矩的严重践踏，都将给党和人民的事业带来严重危害。然而，仍有部分党员干部在重大原则问题上存在认识模糊、行为偏差等现象，在重大原则问题上不同党中央保持一致且做出实际言论、行为或者造成不良后果，严重违反了党纪。比如，有的党员干部在公开场合发表与党中央政策主张相悖的言论，误导群众，破坏党的形象；有的在实际工作中阳奉阴违，对党中央决策部署表面上遵从，实际上却不执行或者选择性执行，导致政策无法落地生根，损害了群众的利益。这些行为不仅破坏了

政治纪律 ★

党的团结统一，削弱了党的凝聚力和战斗力，更动摇了党在人民群众心中的威信。

  一个政党如果政治纪律和政治规矩不严，允许其各级组织在政治主张上各树旗帜、在政策主张上各搞一套，允许其党员在言论上口无遮拦、想说啥就说啥，在行动上为所欲为、想干啥就干啥，那么这个政党必然会陷入一盘散沙的境地，失去前进的方向和动力，难以实现自己的政治目标。政治纪律是维护党的团结统一的根本保证，只有全体党员干部严格遵守，才能使党保持强大的生命力和战斗力。因此，在重大政治原则问题上，每一名党员干部都必须同党中央保持高度一致，态度要非常鲜明，立场要非常坚定，行动要非常自觉。这不仅是对党员干部政治素质的基本要求，也是检验党员干部是否忠诚于党的重要标准。要时刻牢记自己的党员身份，增强"四个意识"、坚定"四个自信"、做到"两个维护"，自觉在思想上政治上行动上同党中央保持高度一致。要不断加强政治理论学习，提高政治觉悟和政治能力，自觉将党中央的要求贯彻落实到实际工作中去。同时，各级党委（党组）要认真履行全面从严治党主体责任和监督责任，加强对党员干部的教育、管理和监督。对于违反政治纪律和政治规矩的行为，要严肃查处，绝不姑息迁就，以维护党的纪律的严肃性和权威性。在实现中华民族伟大复兴的征程中，我们党面临着前所未有的机遇和挑战。只有全党上下在重大原则问题上始终同党中央保持高度一致，团结一心、众志成城，才能战胜各种困难和风险，实现党的历史使命，把实现中华民族伟大复兴的宏伟蓝图变成现实。

纪律自觉养成课

综上所述,严守政治纪律和政治规矩,坚决同党中央保持高度一致,是每一个共产党人义不容辞的责任和义务。我们要以高度的政治自觉和行动自觉,坚决维护党中央权威和集中统一领导,为党和人民的事业发展贡献自己的力量。

★ 条例链接

《中国共产党纪律处分条例》(2023年12月19日中共中央发布)

第四十九条 在重大原则问题上不同党中央保持一致且有实际言论、行为或者造成不良后果的,给予警告或者严重警告处分;情节较重的,给予撤销党内职务或者留党察看处分;情节严重的,给予开除党籍处分。

2.

严禁妄议党中央大政方针

★ 核心要义

党中央大政方针是在大量深入调研、充分综合考量、广泛征求意见的基础上制定的,具有全局性、战略性。决策的制定经过严格程序和充分论证,妄议党中央大政方针会干扰执行、误导群众,扰乱党员、干部思想,破坏党的团结统一,妨碍党中央大政方针的贯彻落实,必须依规依纪严肃处理。

★ 纪律阐释

党中央在制定重大方针政策时,通过不同的渠道和方式,充分发扬党内民主,广泛征求意见,深入开展调研,反复进行论证,切实把各方面的真实情况掌握全、把各方面的意见建议吸收好,确保决策的科学性、民主性。党员、干部可以在正常渠道内充分发表意见。一旦党中央作出决定,党员、干部就要坚决贯彻执行。在坚决执行的前提下,有意见、有问题还可以通过党内程序反映。但是,

纪律自觉养成课

决不允许发表违背党中央决定的言论。

习近平总书记指出:"我们要求党员、干部不能妄议中央,不是说不能提意见和建议甚至批评性意见,而是不能在重大政治原则问题上、在大是大非问题上同党中央唱反调、搞政治上的自由主义。"在现实中,仍有个别党员、干部罔顾党纪要求,肆意妄为。有的人"当面不说、背后乱说",在公开场合对党中央大政方针歌功颂德,私下里却大放厥词,肆意歪曲、诋毁;有的人"台上不说、台下乱说",台上一套、台下一套,言行相悖,严重损害党的形象;有的人借助信息网络、社交媒体等平台,随意发表违背党中央大政方针的言论,经过互联网的快速广泛传播,造成极为恶劣的影响。

党章第四条明确规定:"对党的决议和政策如有不同意见,在坚决执行的前提下,可以声明保留,并且可以把自己的意见向党的上级组织直至中央提出。"我们党高度重视党内民主,党内民主是党的生命,是党内政治生活积极健康的重要基础。但党内民主并不是个人主义和自由主义的民主,不是无原则、无纪律的随心所欲,党内民主不能脱离党章,更不能违背党章。通过正当的表达渠道、用正确的表达方式,对党中央大政方针提出批评和建议,这是党员的权利,党始终予以保障并积极鼓励。但有些党员不按组织程序提出意见,漠视政治纪律,口无遮拦,以妄议冒充党内民主。其所谓的民主只是个人私利的表达和个人私欲的宣泄,并非真正意义上的民主,也违背民主集中制原则。任何对党中央大政方针的妄议,都是对党的团结统一的破坏,都是对党的领导的削弱。

每一名党员干部都要时刻牢记自己的第一身份是共产党员,第

政治纪律 ★

一职责是为党工作,自觉在思想上政治上行动上同党中央保持高度一致,坚决贯彻党中央决策部署,做到令行禁止。要切实提高政治判断力、政治领悟力、政治执行力,提高政治敏锐性和政治鉴别力,对错误言论和行为,要敢于亮剑、坚决斗争,以实际行动维护党的团结统一,为强国建设、民族复兴伟业而共同奋斗。

★ 条例链接

《中国共产党纪律处分条例》(2023年12月19日中共中央发布)

第五十一条 通过网络、广播、电视、报刊、传单、书籍等,或者利用讲座、论坛、报告会、座谈会等方式,有下列行为之一,情节较轻的,给予警告或者严重警告处分;情节较重的,给予撤销党内职务或者留党察看处分;情节严重的,给予开除党籍处分:

(一)公开发表违背四项基本原则,违背、歪曲党的改革开放决策,或者其他有严重政治问题的文章、演说、宣言、声明等;

(二)妄议党中央大政方针,破坏党的集中统一;

(三)丑化党和国家形象,或者诋毁、诬蔑党和国家领导人、英雄模范,或者歪曲党的历史、中华人民共和国历史、人民军队历史。

发布、播出、刊登、出版前款所列内容或者为上述行为提供方便条件的,对直接责任者和领导责任者,给予严重警告或者撤销党内职务处分;情节严重的,给予留党察看或者开除党籍处分。

3.

严禁发表、传播有严重政治问题的言论

★ 核心要义

发表、传播有严重政治问题的言论会严重污染社会环境，破坏社会和谐，危害国家安全。比如，在网络空间或聚会场合肆意制造、散布、传播政治谣言，丑化党和国家形象，诋毁、诬蔑党和国家领导人、英雄模范等。党员干部要心存敬畏、谨言慎行，违反党的纪律和规矩的话不能说，违反党的纪律和规矩的事不能办；有损党的形象和声誉的话不能说，有损党的形象和声誉的事不能办。

★ 纪律阐释

在党的纪律体系中，政治纪律占据着最为重要、最为根本且最为关键的地位，是全体党员必须坚守的行为准则。《中国共产党纪律处分条例》明确规定，严禁党员发表、传播、帮助传播有严重政治问题的言论，这是不可触碰的红线，任何违反此规定的党员，都将受到党纪的严肃处分。

政治纪律 ★

党的政治纪律,其核心作用在于维护党的政治原则、政治方向以及党的政治路线。四项基本原则作为我国的立国之本,是党和国家生存发展的政治基石,任何对其否定或歪曲的言论,都严重违背党的政治纪律。从历史角度看,自新中国成立以来,正是因为始终坚持社会主义道路,我们才逐步建立起独立完整的工业体系和国民经济体系,实现了从站起来、富起来到强起来的伟大飞跃;坚持人民民主专政,保障了人民当家作主的权利,维护了社会的稳定与和谐;坚持中国共产党的领导,全国人民才能团结一心,汇聚起强大的发展力量;坚持马列主义、毛泽东思想以及不断发展的中国特色社会主义理论体系,为国家发展提供了科学的理论指引。倘若党员发表否定四项基本原则的言论,无疑背离了党的历史使命和人民根本利益。

改革开放是决定当代中国命运的关键抉择,是推动中国发展进步的强大动力。现实中,仍有极少数别有用心之人企图歪曲党的改革开放决策。他们或是片面强调改革过程中出现的个别问题,否定改革开放的巨大成就;或是鼓吹极端的、不符合中国国情的改革路径,误导群众认知。党员倘若传播这类言论,会严重干扰改革发展的稳定大局,阻碍改革措施的顺利推进。例如,一些不实言论在网络上传播,引发部分群众对改革政策的误解和担忧,进而影响社会的和谐稳定。党员必须坚决抵制此类行为,坚定不移地维护改革开放决策的权威性和正确性。

党中央大政方针是基于国家整体发展战略、结合国内外形势以及人民群众的根本利益制定的,是推动国家各项事业前进的行动指南。如果党员随意对大政方针发表不负责任的言论,甚至故意曲解、

纪律自觉养成课

恶意诋毁，会在党内和社会上造成恶劣影响，破坏党的团结统一，削弱党的凝聚力和战斗力。

维护党和国家形象、维护党和国家领导人威信、维护英雄模范形象，是每一位党员义不容辞的责任。党和国家形象是国家软实力的重要体现，关乎国家在国际舞台上的地位和声誉。党员的言行在一定程度上代表着党和国家的形象，任何诋毁、抹黑党和国家形象的言论，都会损害国家的国际形象和民族尊严。党和国家领导人的权威直接关系党和国家事业发展全局，维护党和国家领导人威信，是维护党中央权威和集中统一领导，确保党和国家长治久安、中国特色社会主义事业行稳致远的根本保证。英雄模范为国家的独立、民族的解放以及社会主义建设事业作出了巨大牺牲和卓越贡献，他们是民族的脊梁、时代的楷模，其事迹和精神是中华民族的宝贵财富。对英雄模范形象的亵渎，不仅伤害广大人民群众的感情，也违背社会公序良俗和基本道德准则，更是对党的历史和国家精神的否定。《中华人民共和国英雄烈士保护法》从法律层面为英雄烈士的名誉、荣誉等提供了严格保护，党员更应从政治纪律的高度，坚决捍卫英雄模范的尊严。

坚决反对歪曲党的历史、中华人民共和国历史、人民军队历史的行为，具有深远的历史意义和现实意义。我们党的百年奋斗史就是一部为人民谋幸福的历史，一部践行党的初心使命的历史，一部党与人民心连心、同呼吸、共命运的历史。这些历史是我们党和国家发展的宝贵财富，是激励我们不断前进的精神动力。歪曲这些历史，会误导群众尤其是年轻一代对国家发展历程的认知，动摇人们的理想信念，消解民族的凝聚力和向心力。一些别有用心之人通过网络、书籍等渠道传播历史虚无主义言论，企图歪曲历史事实，否定党的领导和社会主义制度的历史必然性。党员必须保持高度警惕，坚决抵制这类错误思潮，以正确的历史观引导社会舆论，维护历史的真实性和尊严。

作为一名共产党员，不仅绝对不能发表有严重政治问题的言论，而且绝不能为施行该行为的人提供场地、渠道、媒介、资金等任何方便条件。在信息时代，传播渠道日益多元化，微信朋友圈、抖音等社交平台已成为人们获取信息和表达观点的重要渠道。然而，有的党员却忽视了这些平台的影响力，习惯于在上面发布、转发各类未经证实或道听途说的有严重政治问题的文字影音资料。有的党员在未核实信息真实性的情况下，随意转发一些诋毁党和国家的虚假信息；有的党员在朋友圈发表不当言论，对党的政策妄加评论。这些行为看似微不足道，实则危害巨大。一方面，党员的身份具有特殊性，其言行容易引起他人关注和效仿，一旦传播不良信息，会在一定范围内造成负面影响，破坏党的形象和声誉；另一方面，网络传播速度快、范围广，这些不良信息可能迅速扩散，引发公众误解，影响社会的和谐稳定。每名党员必须深刻认识到这些行为的危害性，时刻牢记自己的身份和使命，增强政治敏锐性和鉴别力，规范自己在网络空间中的言行。

在日常工作和生活中，党员要自觉加强政治理论学习，深入学习习近平新时代中国特色社会主义思想，增强"四个意识"、坚定"四个自信"、做到"两个维护"，不断提高自身的政治素养和理论水平。

纪律自觉养成课

只有具备坚实的政治理论基础，才能在纷繁复杂的信息环境中保持清醒头脑，准确辨别是非对错，自觉抵制各种错误言论的侵蚀。同时，要严格遵守党的政治纪律和政治规矩，自觉接受组织和群众的监督，将纪律要求内化于心、外化于行。在面对涉及政治原则的问题时，要旗帜鲜明、立场坚定，敢于同不良言行作斗争，以实际行动维护党的团结和统一，为实现中华民族伟大复兴的中国梦贡献自己的力量。

★ 条例链接

《中国共产党纪律处分条例》（2023年12月19日中共中央发布）

第五十一条　通过网络、广播、电视、报刊、传单、书籍等，或者利用讲座、论坛、报告会、座谈会等方式，有下列行为之一，情节较轻的，给予警告或者严重警告处分；情节较重的，给予撤销党内职务或者留党察看处分；情节严重的，给予开除党籍处分：

（一）公开发表违背四项基本原则，违背、歪曲党的改革开放决策，或者其他有严重政治问题的文章、演说、宣言、声明等；

（二）妄议党中央大政方针，破坏党的集中统一；

（三）丑化党和国家形象，或者诋毁、诬蔑党和国家领导人、英雄模范，或者歪曲党的历史、中华人民共和国历史、人民军队历史。

发布、播出、刊登、出版前款所列内容或者为上述行为提供方便条件的，对直接责任者和领导责任者，给予严重警告或者撤销党内职务处分；情节严重的，给予留党察看或者开除党籍处分。

4.

严禁私自携带、寄递有严重政治问题的资料

★ 核心要义

随身携带、托运、邮寄、快递等都属于寄递范畴，凡私自携带、寄递有严重政治问题的资料入出境的，都属于违纪行为。随着对外交往的增多，党员干部因公或因私出国（境）的机会也相应增加。在出国或回国时，难免可能会携带各种物品。如果携带有严重政治问题的资料入出境，违背党员干部的纪律要求。此类行为，对国家政治安全和社会稳定造成危害，必须予以严肃处理。

★ 纪律阐释

私自携带、寄递有严重政治问题的资料入出境的行为，严重违反党的政治纪律，性质恶劣，危害深远。在当前全球化背景下，跨境往来频繁，信息传播迅速，严守这一纪律红线尤为重要。

有严重政治问题内容的报刊、书籍、音像制品、电子读物以及网络文本、图片、音频、视频资料等，依据《中国共产党纪律处分

纪律自觉养成课

条例》第五十条、第五十一条规定，主要涵盖以下几类。其一，公开发表坚持资产阶级自由化立场、反对四项基本原则，反对党的改革开放决策的文章、演说、宣言、声明等。其二，公开发表违背四项基本原则，违背、歪曲党的改革开放决策，或者其他有严重政治问题的文章、演说、宣言、声明等。其三，妄议党中央大政方针，破坏党的集中统一。其四，丑化党和国家形象，或者诋毁、诬蔑党和国家领导人、英雄模范，或者歪曲党的历史、中华人民共和国历史、人民军队历史。

本行为所涉及的"入出境"，包括从境外携带有严重政治问题的资料进入我国境内，也包括从我国境内携带有严重政治问题的资料出境。"私自携带"有多种表现形式，有些人隐秘地将有严重政治问题的资料贴身携带，妄图逃避海关等相关部门的检查；有些人明目张胆，无视法律法规和纪律要求，公然携带；有些人将资料通过托运的方式入出境，以为托运较为隐蔽，不易被察觉，便借此方式试图蒙混过关；还有些人唆使他人或者组织多人携带，通过分散携带等手段逃避检查，以达到传播有害资料的目的。

我国对私自携带、寄递有严重政治问题的资料入出境行为的认定与惩处有明确规定。根据《中国共产党纪律处分条例》第五十二条第二款规定，对于情节较重的，给予警告或者严重警告处分；情节严重的，给予撤销党内职务、留党察看或者开除党籍处分。情节的判定主要考量携带、寄递资料的次数、数量以及造成的影响等因素。若多次携带、寄递，或者携带、寄递数量较大，以及在一定范围内造成恶劣影响，导致部分人员思想被误导、社会秩序受到干扰等，都将被认定为情节较重或严重,进而受到相应的党纪处分。

★ 条例链接

《中国共产党纪律处分条例》(2023年12月19日中共中央发布)

第五十二条　制作、贩卖、传播第五十条、第五十一条所列内容之一的报刊、书籍、音像制品、电子读物,以及网络文本、图片、音频、视频资料等,情节较轻的,给予警告或者严重警告处分;情节较重的,给予撤销党内职务或者留党察看处分;情节严重的,给予开除党籍处分。

私自携带、寄递第五十条、第五十一条所列内容之一的报刊、书籍、音像制品、电子读物等入出境,情节较重的,给予警告或者严重警告处分;情节严重的,给予撤销党内职务、留党察看或者开除党籍处分。

私自阅看、浏览、收听第五十条、第五十一条所列内容之一的报刊、书籍、音像制品、电子读物,以及网络文本、图片、音频、视频资料等,情节严重的,给予警告、严重警告或者撤销党内职务处分。

5.
严禁私自阅看、浏览、收听有严重政治问题的资料

★ 核心要义

私自阅看、浏览、收听有严重政治问题的报刊、书籍、音像制品、电子读物以及网络文本、图片、音频、视频资料等是违反政治纪律的突出表现。党员私自阅看、浏览、收听有严重政治问题的资料，是政治意识薄弱的体现，多是由于信仰迷失、精神空虚引发，而阅看、浏览、收听这些有严重政治问题的资料，又进一步为错误思想侵蚀头脑大开方便之门，使思想防线的"缺口"越开越大，危害不容忽视。

★ 纪律阐释

私自阅看、浏览、收听有严重政治问题的资料，是极具危害性且严重违反党纪的行为，必须引起全体党员的高度警惕。有严重政治问题的资料往往充斥着与党的理论路线方针政策相悖的内容，如

宣扬历史虚无主义，否定中国共产党的领导、否定中国特色社会主义制度，传播西方资本主义的价值观等。在信息传播高度发达的今天，一些别有用心之人利用网络平台、社交媒体等渠道，以各种隐蔽的方式传播有严重政治问题的资料。党员干部一旦接触并阅看、浏览、收听这些内容，其思想观念可能会在不知不觉中受到影响。

私自阅看、浏览、收听有严重政治问题的资料，从深层次反映出党员政治意识淡漠，对党不忠诚、不老实。对党忠诚是共产党人的首要政治品质，是党员在思想上政治上行动上始终同党中央保持高度一致的具体体现。私自阅看、浏览、收听有严重政治问题资料的行为，说明党员在面对错误思想时，缺乏坚定的立场和抵制的决心。

在面对各种复杂情况考验时，党员、干部要把坚定理想信念作为首要任务。理想信念是共产党人精神上的"钙"，没有理想信念，精神上就会"缺钙"，就会得"软骨病"。要不断加强党性修养，通过深入学习理论知识，不断提高政治理论水平，深刻领悟党的初心使命，牢固树立正确的世界观、人生观、价值观。只有这样，才能在纷繁复杂的信息洪流中保持清醒头脑，坚定对马克思主义的信仰、对中国特色社会主义的信念、对中华民族伟大复兴中国梦的信心。

党员干部要做到严格自律，做到不该看的不看、不该听的不听。对于那些来源不明、可能含有不良政治倾向的资料，要坚决抵制，不能抱有任何侥幸心理。特别是在看到一些敏感信息、不实言论以及对党的领导恶意攻击等内容时，更要保持高度的政治敏锐性，做到坚决不接触、不传播。广大党员要坚定走中国特色社会主义道路

纪律自觉养成课

的信心，深刻认识到中国特色社会主义是实现中华民族伟大复兴的必由之路，是符合中国国情、顺应历史潮流的正确选择。无论面对何种困难和挑战，都要始终与党同心同德，确保在任何时候任何情况下都能自觉地听党话、跟党走，坚决维护党中央权威和集中统一领导。

需要强调的是，在网络时代，信息传播的速度和范围呈指数级增长，这也使得私自获取、阅看有严重政治问题资料的风险大大增加。有的人利用"翻墙"软件，违规突破网络限制，获取含有不良政治内容的信息进行阅看、浏览、收听。这种行为不仅违反了党的纪律，还触犯了国家的法律法规。"翻墙"不仅破坏了国家的网络管理秩序，为有害信息的流入提供了渠道，还可能导致国家信息安全受到威胁。近年来，相关部门加大对网络违法违规行为的打击力度，党员作为社会的先进分子，更应该以身作则，严格遵守党的纪律、模范遵守国家的法律法规，不触碰这一红线，切不可将其当作儿戏。

在日常工作和生活中，各级党组织要切实加强对党员的教育、管理、监督。通过开展定期的政治理论学习、警示教育活动等，提高党员对有害信息的识别能力和防范能力，增强党员的纪律观念和法治意识。只有党员自身保持高度警惕，党组织加强教育、管理、监督，双管齐下，才能有效杜绝私自阅看、浏览、收听有严重政治问题资料的行为，维护党的团结统一，推动党和国家事业沿着正确方向不断前进。

★ 条例链接

《中国共产党纪律处分条例》（2023年12月19日中共中央发布）

第五十二条 制作、贩卖、传播第五十条、第五十一条所列内容之一的报刊、书籍、音像制品、电子读物，以及网络文本、图片、音频、视频资料等，情节较轻的，给予警告或者严重警告处分；情节较重的，给予撤销党内职务或者留党察看处分；情节严重的，给予开除党籍处分。

私自携带、寄递第五十条、第五十一条所列内容之一的报刊、书籍、音像制品、电子读物等入出境，情节较重的，给予警告或者严重警告处分；情节严重的，给予撤销党内职务、留党察看或者开除党籍处分。

私自阅看、浏览、收听第五十条、第五十一条所列内容之一的报刊、书籍、音像制品、电子读物，以及网络文本、图片、音频、视频资料等，情节严重的，给予警告、严重警告或者撤销党内职务处分。

6.

不要结交政治骗子

核心要义

"政治骗子"一般指通过虚构冒充领导干部及其亲属、朋友、身边工作人员,或用有特殊背景的专家教授、学者智囊、"大师"等方式设计身份伪装等谋求攫取不正当利益的人员。他们散布所谓"内幕消息",以"牵线搭桥""提拔重用""摆案抹案"等政治利益为诱惑骗取他人信任。行骗者,骗的是信任、是权力、是金钱;受骗者,谋的是升迁、是揽权、是官威。他们狼狈为奸、各取所需,勾兑的是"政治利益",驱动的是个人私欲。"政治骗子"大行其道、招摇撞骗,是典型的政治问题和经济问题相互交织,严重损害党的形象和声誉。作为党员,既不要结交政治骗子,也要警惕被政治骗子利用,更不能自己充当政治骗子,这都是违反政治纪律的行为,严重的会被开除党籍。

政治纪律 ★

★ 纪律阐释

习近平总书记在二十届中央纪委三次全会上强调，要有力打击各种政治骗子，严格防止把商品交换原则带到党内。营造山清水秀的政治生态，要推动形成清清爽爽的同志关系、规规矩矩的上下级关系。对党员、干部而言，要真诚待人、规矩做事，严肃党内政治生活，破"潜规则"，立"明规矩"，坚决防止搞"小圈子""拜码头""搭天线"。

政治骗子是潜藏在政治领域的毒瘤，他们通过精心虚构"特殊身份"，散布所谓的"内幕消息"，迎合一些人对权力、利益的不正当追求心理，故弄玄虚骗取信任，进而骗财、骗物，甚至插手人事安排、骗取工程项目等。在这一丑陋的交易链条中，政治骗子将他人对权力和利益的渴望转化为自己获取私利的工具，严重破坏政治生态、损害社会公平正义。党员、干部搞政治攀附，归根结底是为了谋求职务晋升，对"后台""靠山"刻意贴靠、鞍前马后、任其差遣，把清清爽爽的同志关系异化为非正常的攀附、依附关系。党员、干部结交政治骗子，本质在于投机钻营，为了得到提拔重用或者逃避纪法追究而热衷搞旁门左道，信奉所谓"潜规则"而找门子，从而被迷住了心窍，为政治骗子提供了条件。这些行为都是缺乏政治定力和政治自律的具体表现，严重污染政治生态，造成政治危害。

党员、干部必须时刻保持清醒头脑，从源头上筑牢思想堤坝，增强政治敏锐性和政治鉴别力。既不能主动结交政治骗子，也要与他们划清界限，坚决抵制其诱惑；还要时刻警惕被政治骗子利用，不被虚假的承诺和表象所迷惑；更要严格自律，绝不能自己充当政治骗子，做出违反党纪国法的行为。根据《中国共产党纪律处分条例》等相关规定，这些行为都严重违反了党的政治纪律，情节严重的会被开除党籍，构成犯罪的还将依法被追究刑事责任。

为了有效打击政治骗子，净化党内政治生态，各级党组织要加强对党员、干部的教育管理，突出抓好警示教育，使党员、干部提高政治觉悟，增强纪律意识、规矩意识，认清政治骗子的本质和危害。持续强化监督执纪问责，构建"风腐同查"工作机制，对发现的与政治骗子相关的线索进行深挖细查，严惩政治骗子以及结交政治骗子的党员、干部，清除政治生态"污染源"。

★ 条例链接

《中国共产党纪律处分条例》(2023年12月19日中共中央发布)

第五十五条　搞投机钻营，结交政治骗子或者被政治骗子利用的，给予严重警告或者撤销党内职务处分；情节严重的，给予留党察看或者开除党籍处分。

充当政治骗子的，给予撤销党内职务、留党察看或者开除党籍处分。

7.

严禁自行其是、搞山头主义

★ 核心要义

山头主义是指一种小团体主义的倾向，主要表现为利用权力拉帮结派，搞团团伙伙。山头主义严重破坏党的集中统一，破坏中央政令畅通，破坏干部选拔的五湖四海原则，削弱党的向心力、凝聚力、战斗力，是滋生腐败的土壤，是党的团结和集中统一的大敌，必须给予党纪严惩。

★ 纪律阐释

搞山头主义严重破坏党的团结和集中统一，严重损害党内政治生态和党的形象，严重影响党和人民事业发展。山头主义是一种严重违背党性原则的行为，党员领导干部一旦陷入其中，就极易在本人主政的地方或者分管的部门自行其是，导致执行党中央大政方针出现偏差，落实党中央决策部署不够坚决。有的党员干部把自己主政的地方、部门、单位当成"私人领地"，无视党中央和上级党组织的要求和决策部署，擅作主张、我行我素，背着党中央另搞一套。为了维护本部门、本地方的利益，不惜与党中央的决策背道而驰，通过打折扣、作选择、搞变通等手段，在政策制定和执行上自行其是，使党中央的政策部署无法落地生根、惠及百姓，导致党中央政令不畅。这些行为不仅损害了党的形象，还使得地方或部门的发展偏离正确轨道，给当地的经济社会发展带来极大阻碍。更有甚者，对党中央的重大决策部署采取消极应付的态度，严重失职失责。

党员领导干部作为"关键少数"，在党和国家事业发展中处于重要地位，肩负着带头执行和组织落实党中央大政方针的重要使命。党中央决策部署是基于国家整体利益和长远发展制定的，具有全局性和战略性意义。只有以身作则，积极发挥表率作用，才能确保党中央决策部署得到有效贯彻执行，推动党和国家事业不断向前发展。

任何党员都不能以个人利益或局部利益为借口，对党中央的决策部署打折扣执行。不准先斩后奏，在执行决策前必须严格按照组织程序办事，及时向上级党组织汇报情况，确保决策执行符合组织的整体安排和要求。属于部门和地方职权范围内的工作部署，要以贯彻党中央精神为前提，发挥积极性主动性创造性，但决不能自行其是、各自为政，决不能有令不行、有禁不止，决不能搞上有政策、下有对策。

党员领导干部要时刻牢记自己的职责使命，增强"四个意识"、坚定"四个自信"、做到"两个维护"，以高度的政治责任感和使命感，带头严格执行党中央决策部署。要积极主动把党中央决策部署转化为实际行动，勇于担当、敢于作为，切实解决执行过程中遇到的各种问题，确保党中央决策部署落地见效。

★ 条例链接

《中国共产党纪律处分条例》(2023 年 12 月 19 日中共中央发布)

第五十六条　党员领导干部在本人主政的地方或者分管的部门自行其是，搞山头主义，拒不执行党中央确定的大政方针，甚至背着党中央另搞一套的，给予撤销党内职务、留党察看或者开除党籍处分。

贯彻党中央决策部署只表态不落实，或者落实党中央决策部署不坚决，打折扣、搞变通，在政治上造成不良影响或者严重后果的，给予警告或者严重警告处分；情节严重的，给予撤销党内职务、留党察看或者开除党籍处分。

不顾党和国家大局，搞部门或者地方保护主义的，依照前款规定处理。

8.

贯彻党中央决策部署不能只表态不落实

★ 核心要义

维护党中央集中统一领导是具体的而不是抽象的，必须看行动、见实效。对党中央决策部署，任何党组织和任何党员都不准合意的执行、不合意的不执行，不准先斩后奏，不准口是心非、阳奉阴违，也不准只表态不落实。现实中，有的党员、干部在党中央作出决策部署的第一时间即明确表示要坚决贯彻执行，表态调门高、口号喊得响，热衷于搞舆论造势、浮在表面，实际上却是有口无心，行动上不落实，对贯彻党中央决策部署"说起来重要、喊起来响亮、做起来挂空挡"。党员、干部要养成说了就要干、定了就要办的务实作风，全力以赴抓好各项工作落实。

★ 纪律阐释

表态作为一种表达立场和态度的方式，是统一思想、凝聚共识的有效形式。但如果只表态不落实，只务虚不务实，那么豪言壮志就会变成空中楼阁、镜花水月。有的党员干部热衷于表面功夫,搞堂而皇之的"政治排场",在形式上摆出一副"紧跟看齐"的姿态,通过各种会议、文件、口号等大张旗鼓地表明"态度",但在实际行动上却毫无作为。

不折不扣执行党中央决策部署,是对党员干部的基本要求。现实中,有的领导干部威信不高,其中一个重要原因在于热衷"会上表决心、纸上写雄心",在落实中却"只闻楼梯响、不见人下来"。这种表态多调门高、行动少落实差的现象,不仅容易失去人民群众的信任,更有损党的形象和政府公信力。老百姓看领导干部是否称职,不是看开了多少会、讲了多少话、发了多少文件,而是看解决了什么问题。表态只是起点。党员干部干事创业,须谨记行胜于言的道理,在以身作则、模范带头上见行动、求实效,当好表率、抓好落实。

值得关注的是,关于贯彻党中央决策部署只表态不落实这一行为的定性,在党纪规定中有了重要调整。在2018年《中国共产党纪律处分条例》中,被归为违反工作纪律的行为。而在2023年修订的条例中,这一行为被调整到违反政治纪律的范畴。这一调整体现了党中央对该违纪行为背后政治危害的充分考量。只表态不落实,不仅仅是工作层面的失职,更从根本上破坏了党的政治纪律和政治规矩,损害了党中央的权威,影响了党的团结统一。将其纳入违反政治纪律的范畴,旨在以更严格的纪律要求督促党员干部深刻认识到落实党中央决策部署的重要性,时刻保持高度的政治自觉,不折不扣将党中央各项决策部署落实到位,确保党中央政令畅通无阻、令行禁止。这一调整也向全体党员干部发出了明确信号：对党忠诚，不能仅仅停留在口头上，更要体现在实际行动中，落实在每一项工作任务里。只有全体党员干部都切实将党中央决策部署转化为实际行动，才能真正推动党和国家事业不断向前发展，实现中华民族伟大复兴的宏伟目标。

★ 条例链接

《中国共产党纪律处分条例》（2023年12月19日中共中央发布）

第五十六条　党员领导干部在本人主政的地方或者分管的部门自行其是，搞山头主义，拒不执行党中央确定的大政方针，甚至背着党中央另搞一套的，给予撤销党内职务、留党察看或者开除党籍处分。

贯彻党中央决策部署只表态不落实，或者落实党中央决策部署不坚决，打折扣、搞变通，在政治上造成不良影响或者严重后果的，给予警告或者严重警告处分；情节严重的，给予撤销党内职务、留党察看或者开除党籍处分。

不顾党和国家大局，搞部门或者地方保护主义的，依照前款规定处理。

9.

不得搞部门和地方保护主义

★ 核心要义

牢固树立大局意识是做好一切工作的前提和基础,是我们党的优良传统和政治优势。任何具有部门和地方特点的工作部署都必须以贯彻党中央精神为前提,在这一点上不能有丝毫含糊和动摇。现实中,一些地区和部门的党员领导干部不能正确处理全局和局部、中央和地方的关系,存在自行其是,搞部门或者地方保护主义的问题。地方保护主义,作为一种严重阻碍经济社会健康发展的不良现象,其实质是地方政府或所属部门为了维护地方局部的经济利益或政治利益,采取一系列违背国家法律法规的手段,利用行政权力对市场进行不当干涉。广大党员干部要牢固树立大局意识,把一地一域置于国家发展大局中去思考去谋划去推进,做到正确认识大局、自觉服从大局、坚决维护大局,正确处理好局部和全局、当前和长远的关系。

纪律自觉养成课

★ 纪律阐释

地方保护主义，是指地方政府或所属部门，为了维护或扩大地方局部经济利益或政治利益，违背国家法律法规，利用行政权力干涉市场，操纵市场，设置市场障碍，破坏市场机制，限制非本地企业生产的商品或提供的服务参与公平竞争的行为。从本质上看，地方保护主义是地方政府部门只顾局部利益，不顾国家利益和集体利益，在管理活动中滥用行政权力的表现。对这些不顾党和国家大局、搞部门或者地方保护主义的行为，在政治上造成不良影响或者严重后果的，应当给予相应的党纪处分。

2022年3月，中共中央、国务院印发的《关于加快建设全国统一大市场的意见》指出，建立涉企优惠政策目录清单并及时向社会公开，这一举措旨在增加政策透明度，让各类市场主体都能清晰了解政策内容，避免地方政府暗箱操作，利用优惠政策搞地方保护。意见还指出，及时清理废除各地区含有地方保护、市场分割、指定交易等妨碍统一市场和公平竞争的政策，全面清理歧视外资企业和外地企业、实行地方保护的各类优惠政策，从制度层面上坚决铲除地方保护主义滋生的土壤。对新出台政策严格开展公平竞争审查，更是为政策的制定和实施加上了一道"安全阀"。这一系列举措，充分彰显了国家打破地方保护主义、构建全国统一大市场的坚定决心。

地方保护主义的危害是多方面且深远的。它只顾局部，不顾全局，将地方利益与国家整体利益对立起来，破坏了全国统一大市场的形成，阻碍了资源在更大范围内的优化配置。在经济全球化的今天，全国统一大市场是提升我国经济竞争力的重要基础，地方保护主义却人为地割裂了市场，使得国内企业难以形成强大的合力参与国际竞争。它只顾地方，不顾中央，对中央的政策阳奉阴违，削弱了中央政府的宏观调控能力，影响了国家政策的权威性和有效性。而且，地方保护主义只顾眼前，不顾长远，为了地方的短期利益，牺牲了本地经济的可持续发展。保护落后企业虽然能在短期内维持一定的就业和税收，但从长远看，却抑制了创新和产业升级，使地方经济逐渐失去活力。更有甚者，有的地方为了保护局部利益，竟然无视党纪国法，这种行为严重损害了党和政府的形象，破坏了社会的法治环境。

广大党员干部肩负推动国家发展的重任，无论职位高低，都必须树立强烈的大局意识。要善于从全局高度、用长远眼光观察形势、分析问题，不能局限于地方的一时一地之利。在面对具体工作时，要善于围绕党和国家的大事认识和把握大局，将自身的工作融入国家发展的整体战略中。例如，在制定地方产业发展规划时，不能仅仅考虑本地产业的短期利益，而要结合国家的产业政策和宏观经济布局，思考如何在全国统一大市场中找准自身定位，实现与其他地区的优势互补、协同发展。

党员干部要做到正确认识大局，深刻理解国家政策的出发点和落脚点，明白局部利益必须服从整体利益。只有当每个地方都积极融入大局，全国的经济社会发展才能形成良性循环。同时，要自觉服从大局，当地方利益与全局利益发生冲突时，要坚决执行党中央决策部署。比如，在推进区域协调发展战略中，某些地方可能需要

纪律自觉养成课

牺牲一些短期的经济增长速度，配合国家进行产业转移和生态保护。从长远看，这有利于全国整体的可持续发展，党员干部要积极响应、主动作为。最重要的是，要坚决维护大局，对任何破坏大局的行为，无论是地方保护主义还是其他损害国家整体利益的行为，都要敢于抵制、敢于斗争。在日常工作中，要积极宣传国家政策，引导身边的人树立大局观念，共同为构建全国统一大市场、推动国家发展贡献力量。

★ 条例链接

《中国共产党纪律处分条例》（2023年12月19日中共中央发布）

第五十六条　党员领导干部在本人主政的地方或者分管的部门自行其是，搞山头主义，拒不执行党中央确定的大政方针，甚至背着党中央另搞一套的，给予撤销党内职务、留党察看或者开除党籍处分。

贯彻党中央决策部署只表态不落实，或者落实党中央决策部署不坚决，打折扣、搞变通，在政治上造成不良影响或者严重后果的，给予警告或者严重警告处分；情节严重的，给予撤销党内职务、留党察看或者开除党籍处分。

不顾党和国家大局，搞部门或者地方保护主义的，依照前款规定处理。

10.
不得搞劳民伤财的"形象工程""政绩工程"

★ 核心要义

树立正确政绩观,是党章对党的各级领导干部提出的具体要求。搞劳民伤财的"形象工程""政绩工程",树的是个人形象,捞的是政治资本,本质上是错误政绩观支配下的急功近利和贪图虚名,必然带来极大的资源浪费、发展机遇浪费,透支一个地区、领域的长远健康发展,严重损害党、国家和人民利益,背离了高质量发展的要求。党员干部要求真务实、真抓实干,做工作自觉从人民利益出发,绝不能为了树立个人形象,搞劳民伤财的"形象工程""政绩工程"。

★ 纪律阐释

在党和国家事业蓬勃发展的进程中,党员领导干部作为"关键少数",肩负着引领地方发展、服务人民群众的重要使命。然而,部分党员领导干部出现政绩观错位的现象,他们违背新发展理念、背

纪律自觉养成课

离高质量发展要求，热衷于搞劳民伤财的"形象工程""政绩工程"，这些行为严重违反了党的政治纪律。其中，对于搞劳民伤财的"形象工程""政绩工程"的行为，在党纪处分上会从重或者加重处理，彰显了党中央整治此类不良现象的坚定决心。

反对搞劳民伤财的"形象工程""政绩工程"一直是党纪的明确要求。《关于新形势下党内政治生活的若干准则》强调，对一切搞劳民伤财的"形象工程"和"政绩工程"的行为，要严肃问责追责，依纪依法处理。这一准则为规范党员领导干部的从政行为提供了重要依据，凸显了党中央对维护人民群众利益、确保党内政治生活严肃健康的高度重视。

2023年修订的《中国共产党纪律处分条例》增加第五十七条，进一步充实了对党员领导干部政绩观错位，违背新发展理念、背离高质量发展要求的处分规定，将搞劳民伤财的"形象工程""政绩工程"的行为从违反群众纪律调整到违反政治纪律，表明党中央充分认识到这类行为的严重危害性，其不仅损害群众利益，更从根本上破坏党的政治纪律和政治规矩，侵蚀党的执政基础。通过明确这一纪律要求，旨在以更严格的制度约束推动党员领导干部树立和践行正确政绩观，切实把高质量发展要求落到实处，确保党和国家事业沿着正确方向稳步前行。

劳民伤财的"形象工程"往往不顾群众的实际需要和当地的客观实际情况，盲目追求表面的"高大上"，超越当地的经济发展阶段和财政承受能力。例如，一些地方不顾自身经济实力和人口规模，耗费大量资金建设豪华广场、地标性建筑，这些设施建成后却因缺乏实际需求而闲置，造成资源的极大浪费。同时，由于这些"形象工程"没有从群众利益出发，老百姓对其普遍不认可，不仅没有提升群众的生活质量，反而加重了群众的负担，引发群众的不满和反感。

搞"政绩工程"与追求政绩有着本质区别。"政绩"是为官一任，造福一方，是为党和人民工作所取得的经得起实践、人民、历史检验的实际成效。只有得到党和国家认可，更重要的是得到群众认可的工作成果，才称得上是真正的"政绩"。然而，搞"政绩工程"的领导干部往往急功近利、贪图虚名，他们将个人的政治仕途放在首位，为了在短期内捞取政治资本，不惜违背经济发展规律和群众意愿，大搞一些华而不实、脱离实际的项目。这些项目看似短期内能制造出"繁荣"的假象，但实际上对地方的长远发展毫无益处，甚至会留下诸多隐患。

近年来，随着全面从严治党的不断深入，党中央加大对"形象工程""政绩工程"的整治力度，曝光并处理了一系列典型案例。比如，某地为了打造所谓的"旅游名片"，在没有充分调研和论证的情况下，强行推进大规模的景区开发项目，不仅破坏了当地的生态环境，还耗费了巨额财政资金，最终项目失败，给当地经济和社会发展带来了沉重打击。

在新时代新征程中，党员领导干部必须深刻领悟正确政绩观的内涵，坚持求真务实、真抓实干的工作作风。在谋划工作和制定决策时，要自觉从人民利益出发，深入基层、深入群众，充分了解群众的需求和诉求，结合当地的实际情况，制定切实可行的发展规划和政策措施。要把工作的着力点放在解决人民群众关心的热点难点问题上，致力于提升公共服务水平、改善民生福祉、推动经济可持续发展。只有这样，才能避免陷入"形象工程""政绩工程"的误区，真正创造出经得起历史和人民检验的政绩。

★ 条例链接

《中国共产党纪律处分条例》（2023年12月19日中共中央发布）

第五十七条　党员领导干部政绩观错位，违背新发展理念、背离高质量发展要求，给党、国家和人民利益造成较大损失的，给予警告或者严重警告处分；情节较重的，给予撤销党内职务或者留党察看处分；情节严重的，给予开除党籍处分。

搞劳民伤财的"形象工程""政绩工程"的，从重或者加重处分。

11.
不得搞两面派、做两面人

★ 核心要义

口是心非的两面人对党和人民事业危害很大,他们说一套、做一套,台上一套、台下一套,当面一套、背后一套,不仅严重影响党中央决策部署的贯彻落实,还严重损害党和政府公信力以及国家形象,破坏党内政治生态,在群众中造成恶劣影响。党员、干部要做到忠诚干净担当,忠诚始终是第一位的。对党忠诚,是中国共产党人首要的政治品质,是党在革命、建设、改革各个时期对党员一以贯之的要求,是每个党员入党宣誓时的庄严承诺,是党章规定的党员必须履行的义务,也是我们党的优良传统和作风。党员、干部要严格遵守党章党规党纪,始终做到对党忠诚老实,言行一致。

★ 纪律阐释

两面人把工作岗位当作表演舞台,把广大群众当作观众,精心打造出一副正面形象,在台上正气凛然,在台下肆无忌惮,欺骗组

纪律自觉养成课

织、欺骗群众。现实中,一些党员、干部在这方面问题很突出。有的修身不真修、信仰不真信,很会伪装,喜欢表演作秀,表里不一、欺上瞒下;有的公开场合表示要坚定理想信念,背地里自己不敬苍生敬鬼神,笃信风水、迷信"大师";有的口头上表态坚定不移反腐败,背地里对涉及领导干部的问题线索不追问、不报告;有的张口"廉洁"、闭口"清正",私底下却疯狂敛财。这种口是心非的两面人,对党和人民事业危害很大,必须及时把他们辨别出来、清除出去。一是严重影响党中央决策部署贯彻落实。由于两面人在政策执行过程中敷衍塞责、阳奉阴违,导致许多政策无法真正落地生根、开花结果,阻碍党和国家事业发展。二是严重危害党和政府公信力以及国家形象。党的形象是通过各级党组织和所有党员的总体形象来体现的,两面人行为让党与群众之间隔起一道墙,让党和政府无法与群众正常沟通,容易引发群众对党员干部群体的信任危机,最终会威胁到党的执政地位,损害国家的政治安全。三是严重污染政治生态。两面人行为如同毒瘤一般严重败坏社会风气,恶化党内政治生态,破坏党的团结统一,损害风清气正的政治氛围。

2023年修订的《中国共产党纪律处分条例》中关于两面人的处分情节上将原来"情节较轻"修改为"在政治上造成不良影响",这一调整具有重要的现实意义。在实践中,"情节较轻"的界定往往存在一定的主观性和模糊性,而"在政治上造成不良影响"更进一步明确了这种违纪行为的本质特征和危害后果,为纪检监察机关开展工作提供了更具针对性和可操作性的依据,有助于更加精准地清除两面人,维护党的纪律的严肃性和权威性,净化党内政治生态,确保党和国家事业健康稳定发展。

★ 条例链接

《中国共产党纪律处分条例》(2023年12月19日中共中央发布)

第五十八条 对党不忠诚不老实,表里不一,阳奉阴违,欺上瞒下,搞两面派,做两面人,在政治上造成不良影响的,给予警告或者严重警告处分;情节较重的,给予撤销党内职务或者留党察看处分;情节严重的,给予开除党籍处分。

12.

不得对应当由党中央决定的重大政策问题擅作主张

★ 核心要义

擅自对应当由党中央决定的重大政策问题作出决定、对外发表主张，损害党中央权威、违背"两个维护"政治原则，是在政治上与党离心离德、分庭抗礼的表现，是严重违反党的政治纪律的行为。有关全党全国性的重大政策问题，只有党中央有权作出决定和解释。各部门各地方党组织和党员领导干部可以积极向党中央提出建议，但必须坚决执行党中央的决定，确保国家政策的一致性和稳定性。

★ 纪律阐释

党章作为党的根本大法，在第十六条第一款中明确规定："有关全国性的重大政策问题，只有党中央有权作出决定，各部门、各地方的党组织可以向中央提出建议，但不得擅自作出决定和对外发表主张。"这一规定为各级党组织和全体党员划定了清晰的政治红线，强调了党中央在重大政策决策方面的核心地位和绝对权威。《关于新形势下党内政治生活的若干准则》规定:"涉及全党全国性的重大方针政策问题,只有党中央有权作出决定和解释。各部门各地方党组织和党员领导干部可以向党中央提出建议,但不得擅自作出决定和对外发表主张。"从党内法规的不同层面反复强调这一原则,充分彰显了其重要性和严肃性。

坚决维护党中央权威、保证全党令行禁止,是党和国家前途命运所系,是全国各族人民根本利益所在,也是加强和规范党内政治生活的重要目的。在当今复杂多变的国际国内形势下,只有坚持党中央集中统一领导,才能凝聚起全党全国各族人民的意志和力量,形成推动改革开放和经济发展的强大动力;才能成功应对各种风险挑战,推动党和国家事业不断向前发展。

"重大政策问题"通常涉及国家的发展方向、经济政策、社会管理等方面,事关全局和长远利益,需要综合考虑国内外形势、国家利益以及民众需求等多方面因素,这些重大问题属于应当由党中央决定的事项。党员个人、各部门各地方党组织在未经党中央批准或者授权的情况下,不得擅自作出决定、对外发表主张。无论相关决定和主张在内容上是否与党中央一致,只要其作出决定和发表主张的行为未经党中央批准或者授权,均属于违反政治纪律的行为。

"对外发表主张"指的是对党外。党员一般是指担任一定职务的党员领导干部。对于经集体研究作出决定的,应对直接责任者和领导责任者追究责任。各级领导干部作为"关键少数",其一言一行、一举一动都会对周围的人产生影响。擅自就重大政策问题对外发表主张，不仅违反党的纪律，还可能对群众产生误导，影响社会的稳定和政策的执行。广大党员干部必须严格遵守党的政治纪律和政治规矩，坚决维护党中央权威和集中统一领导，始终自觉地同党中央保持高度一致，不折不扣贯彻党中央决策部署。

★ 条例链接

《中国共产党纪律处分条例》（2023年12月19日中共中央发布）

第六十条　擅自对应当由党中央决定的重大政策问题作出决定、对外发表主张的，对直接责任者和领导责任者，给予严重警告或者撤销党内职务处分；情节严重的，给予留党察看或者开除党籍处分。

13.

要按规定向组织请示、报告重大事项

★ 核心要义

请示报告制度是我们党的一项重要政治纪律、组织纪律、工作纪律,是执行民主集中制的有效工作机制。重大事项请示报告是指下级党组织向上级党组织,以及党员、领导干部向党组织请示报告重大事项。严格执行重大事项请示报告制度,对于坚决维护习近平总书记党中央的核心、全党的核心地位,坚决维护以习近平同志为核心的党中央权威和集中统一领导,保证全党团结统一和行动一致,具有重要意义。不按照有关规定向组织请示、报告重大事项,将对直接责任者和领导责任者进行纪律处分。

★ 纪律阐释

重大事项,是指超出党组织和党员、领导干部自身职权范围,或者虽在自身职权范围内但关乎全局、影响广泛的重要事情和重要情况,包括党组织贯彻执行党中央决策部署和上级党组织决定、领

纪律自觉养成课

导经济社会发展事务、落实全面从严治党责任，党员履行义务、行使权利，领导干部行使权力、担负责任的重要事情和重要情况。党员、领导干部在涉及重大事项、重要工作、个人有关事项时，要按规定按程序向组织请示报告。要把请示报告和履职尽责统一起来，该请示的必须请示，该报告的必须报告，该负责的必须负责，该担当的必须担当。

党章明确规定："党员个人服从党的组织，少数服从多数，下级组织服从上级组织，全党各个组织和全体党员服从党的全国代表大会和中央委员会。"这"四个服从"是党的民主集中制原则的重要内容，重大事项请示报告是这一原则在实际工作中的具体体现。请示报告制度作为党内一项重要制度安排，在统一全党思想和行动方面发挥了举足轻重的作用。

《关于新形势下党内政治生活的若干准则》对请示报告制度作出了明确规定，强调全党必须严格执行重大问题请示报告制度。研究涉及全局的重大事项或作出重大决定要及时向党中央请示报告，执行党中央重要决定的遇有突发性重大问题和工作中重大问题要及时向党中央请示报告，情况紧急必须临机处置的，要尽职尽力做好工作，并迅速报告。

《中国共产党重大事项请示报告条例》进一步确立请示报告的工作体制机制，对什么是请示报告、谁向谁请示报告、请示报告什么、怎么请示报告等基本问题作出明确规定，指出涉及党和国家工作全局的重大方针政策，经济、政治、文化、社会、生态文明建设和党的建设中的重大原则和问题，国家安全、港澳台侨、外交、国防、军队等党中央集中统一管理的事项,以及其他只能由党中央领导和决策的重大事项,必须向党中央请示报告。为开展请示报告工作提供了基本遵循,推动请示报告工作全面走上制度化、规范化、科学化轨道。

党员干部要准确把握重大事项请示报告的重要意义、基本原则、主要内容和工作要求,强化思想自觉和行动自觉,认真做好请示报告工作。

★ 条例链接

《中国共产党纪律处分条例》(2023年12月19日中共中央发布)

第六十一条 不按照有关规定向组织请示、报告重大事项,对直接责任者和领导责任者,情节较重的,给予警告或者严重警告处分;情节严重的,给予撤销党内职务或者留党察看处分。

14.

不得干扰巡视巡察工作

★ 核心要义

巡视是党章赋予的重要职责,是加强党的建设的重要举措,是从严治党、维护党纪的重要手段,是加强党内监督的重要形式。然而,在巡视巡察开展过程中,个别单位及人员却为掩盖自己的违法违纪事实,以各种方式干扰、阻挠巡视工作。被巡视党组织领导班子及其成员应当自觉接受巡视监督,积极配合巡视工作。同时,要在强化巡视整改上见真章、求实效,压实整改责任,完善整改机制,综合用好巡视成果,深化标本兼治。

★ 纪律阐释

党的十八大以来,以习近平同志为核心的党中央高度重视巡视工作,把巡视工作作为推进党的自我革命、全面从严治党的战略性制度安排,作出一系列重大部署。党的二十大对发挥政治巡视利剑作用、加强巡视整改和成果运用作出新部署。习近平总书记强调,

政治纪律 ★

要把巡视利剑磨得更光更亮，勇于亮剑，始终做到利剑高悬、震慑常在。巡视巡察的震慑力、穿透力、推动力不断增强，让广大党员、干部切实感受到监督就在身边、纪律就在眼前。

巡视是政治巡视，本质是政治监督。巡视的重要任务是保证全党同以习近平同志为核心的党中央保持高度一致，坚决维护党中央权威，为实现党的历史使命提供坚强保障。一些被巡视巡察地区（单位）党员、干部害怕自己的违纪违法行为被发现，想方设法干扰、阻碍巡视巡察工作顺利开展，或者不落实巡视巡察整改要求，均属于违反政治纪律的行为，对直接责任者和领导责任者，视情节轻重给予相应处分。

2024年修订的《中国共产党巡视工作条例》第四十六条明确规定了需要追究责任的具体情形。被巡视党组织及其工作人员若存在"隐瞒不报或者故意向巡视组提供虚假情况；拒绝或者不按照要求向巡视组提供有关文件资料；指使、强令有关单位或者人员干扰、阻挠巡视工作，或者诬告、陷害他人；组织领导巡视整改不力，落实巡视整改要求不到位，敷衍应付、虚假整改；对反映问题的干部群众进行威胁、打击、报复、陷害；其他不配合或者干扰巡视工作的"情形之一，将视情节轻重，依据有关规定对该党组织领导班子主要负责人或者其他有关责任人员，给予相应的处理。《中国共产党巡视工作条例》的修订和实施，进一步健全了巡视工作体制机制、责任体系，充分体现了以习近平同志为核心的党中央对巡视工作的高度重视，为新时代巡视工作深化发展指明了前进方向，确保巡视工作有规可依、有据可循。《中国共产党纪律处分条例》衔接《中国共产党巡视

纪律自觉养成课

工作条例》的规定，以严格的纪律处分作为手段，保障巡视巡察制度和要求的落实，促进发挥巡视巡察利剑作用。

★ 条例链接

《中国共产党纪律处分条例》（2023年12月19日中共中央发布）

第六十二条 干扰巡视巡察工作或者不落实巡视巡察整改要求，对直接责任者和领导责任者，情节较轻的，给予警告或者严重警告处分；情节较重的，给予撤销党内职务或者留党察看处分；情节严重的，给予开除党籍处分。

15.

不得对抗组织审查

★ 核心要义

对党忠诚老实,是党员必须履行的义务。对党忠诚,是共产党人首要的政治品质。党员、干部在任何时候都必须对党忠诚老实。党员、干部有违纪问题或者因此接受组织审查时,更应当相信组织、依靠组织,对自己犯的错误认真反省检讨,积极主动地向组织如实坦白,积极协助组织查清违纪事实。这既是党员的义务,也是党员必须遵守的一项政治纪律。

★ 纪律阐释

在实践中,有的违纪党员、干部为了逃避责任、掩盖自身违纪违法事实,实施串供或者伪造、销毁、转移、隐匿证据,阻止他人揭发检举,包庇同案人员,提供虚假情况等行为对抗组织审查,他们心存侥幸,试图以此蒙混过关,逃脱党纪国法的制裁。

对抗组织审查的行为,严重违反党的政治纪律。党的纪律是全

纪律自觉养成课

体党员必须遵守的行为准则，对抗组织审查不仅是对自身违纪行为的拒不悔改，更是对党的纪律和规矩的公然挑战。违纪违法，是有错在先；对抗组织审查，是错上加错。如此执迷不悟、胆大妄为，等来的只会是党纪国法的严惩。

全面从严治党是党的十八大以来党中央基于党和国家发展全局作出的重大战略部署，是保持党的先进性和纯洁性、巩固党的执政地位的必然要求。随着全面从严治党不断向纵深发展，监督执纪只会越来越严，对违纪行为的查处力度会持续加大。那些妄图通过对抗组织审查来逃避责任的行为，在日益完善的党内法规体系和强大的组织审查力量面前，必然无所遁形。广大党员、干部在面对组织审查时，应该认真反省检讨，积极主动向组织说明问题，协助查清违纪事实。

★ 条例链接

《中国共产党纪律处分条例》（2023年12月19日中共中央发布）

第六十三条　对抗组织审查，有下列行为之一的，给予警告或者严重警告处分；情节较重的，给予撤销党内职务或者留党察看处分；情节严重的，给予开除党籍处分：

（一）串供或者伪造、销毁、转移、隐匿证据；

（二）阻止他人揭发检举、提供证据材料；

（三）包庇同案人员；

（四）向组织提供虚假情况，掩盖事实；

（五）其他对抗组织审查行为。

政治纪律 ★

16.
不得组织、参加反党集会等活动

★ 核心要义

我国宪法规定公民有集会、游行、示威的自由，但是举行集会、游行、示威，必须依法向主管机关提出申请并获得许可。公民在行使集会、游行、示威权利时，必须遵守宪法和法律，不得反对宪法所确定的基本原则，不得损害国家的、社会的、集体的利益和其他公民的合法的自由和权利。党员应当严守政治纪律和组织纪律，未经组织批准不得参加任何集会、游行、示威活动，包括合法的集会、游行、示威。如果参加了反对党的基本理论、基本路线、基本方略或者重大方针政策的集会、游行、示威，是严重违纪行为，将受到党纪严惩。

★ 纪律解读

党的基本理论、基本路线、基本方略和重大方针政策，是党在长期的革命、建设和改革实践中总结出来的宝贵经验和智慧结晶，

纪律自觉养成课

是指引党和国家事业不断前进的重要依据。党员作为党组织的一员，应发挥先锋模范作用，带头贯彻落实党的基本理论、基本路线、基本方略和重大方针政策。组织、参加反党集会、游行、示威等活动，是性质极其严重且影响恶劣的行为，对党的执政基础、国家的稳定发展以及人民的根本利益构成了严重威胁。

党员干部肩负着推动党和国家事业发展的重要使命，应当始终严守政治纪律和组织纪律。在任何情况下，未经党组织批准不得参加任何集会、游行、示威活动。这不仅是对党员个人的基本要求，更是维护党的团结统一和社会稳定的必要举措。

此外，对于那些不明真相被裹挟参加活动的党员、干部，经批评教育后确有悔改表现的，可以免予处分或者不予处分。这一规定体现了我们党坚持教育挽救、惩戒激励并重，旨在给予那些一时糊涂、误入歧途的党员、干部以改正错误的机会，帮助他们认识到自己的错误，重新回到正确的轨道上来。

总之，组织、参加反党集会、游行、示威等活动，严重违反党的政治纪律，必须坚决予以反对和制止。党员、干部要严格遵守党的纪律规定，做到对党绝对忠诚，在党爱党、在党言党、在党忧党、在党为党。

★ 条例链接

《中国共产党纪律处分条例》（2023年12月19日中共中央发布）
第六十四条　组织、参加反对党的基本理论、基本路线、基本方略或者重大方针政策的集会、游行、示威等活动的,或者以组织讲座、论坛、报告会、座谈会等方式,反对党的基本理论、基本路线、基本方略或者重大方针政策,造成严重不良影响的,对策划者、组织者和骨干分子,给予开除党籍处分。

对其他参加人员或者以提供信息、资料、财物、场地等方式支持上述活动者,情节较轻的,给予警告或者严重警告处分;情节较重的,给予撤销党内职务或者留党察看处分;情节严重的,给予开除党籍处分。

对不明真相被裹挟参加,经批评教育后确有悔改表现的,可以免予处分或者不予处分。

未经组织批准参加其他集会、游行、示威等活动,情节较轻的,给予警告或者严重警告处分;情节较重的,给予撤销党内职务或者留党察看处分;情节严重的,给予开除党籍处分。

17.
不得组织、参加反党反社会主义组织

★ 核心要义

反党反社会主义组织严重威胁国家的政治安全和社会稳定,其妄图反对党的领导、反对社会主义制度、敌视政府,必须坚决予以打击。党员干部要坚定立场,坚决捍卫党的领导和社会主义制度,同一切反党反社会主义组织作坚决斗争,维护党和国家的长治久安。

★ 纪律阐释

社会主义制度是中华人民共和国的根本制度。中国特色社会主义制度的最大优势是中国共产党领导。所有党组织和每一名党员,都必须坚决拥护党的领导,坚决拥护社会主义制度。在当前复杂多变的国际国内形势下,各种思潮相互碰撞、交织,一些别有用心的势力妄图通过各种手段破坏党的领导和社会主义制度。有的在境外势力的支持下,企图利用网络平台、社交群组等渠道,传播错误思想、煽动不满情绪;有的试图通过组织非法集会、散布谣言等方式,扰乱社会秩序，制造混乱。全体党组织和党员必须保持高度的政治警觉，擦亮双眼，明辨是非，对一切反对党的领导、反对社会主义制度或者敌视政府等组织，予以坚决的抵制和反对，并进行毫不妥协的斗争。

《中国共产党纪律处分条例》第六十五条对组织、参加旨在反对党的领导、反对社会主义制度或者敌视政府等组织的策划者、组织者和骨干分子作出处分规定。这里要区分策划者、组织者、骨干分子与一般成员的界限。"策划者、组织者"，主要是指筹备、谋划、安排、发动、指挥、领导旨在反对党的领导、反对社会主义制度或者敌视政府等组织的人。"骨干分子"，一般是指虽不是旨在反对党的领导、反对社会主义制度或者敌视政府等组织的策划者、组织者，但在组织中态度很坚决，活动很积极，行为很激进，起到中坚、骨干作用的人。对"策划者、组织者和骨干分子"，应当给予开除党籍处分。对其他参加人员，应当视情节轻重给予党纪处分。

★ 条例链接

《中国共产党纪律处分条例》（2023年12月19日中共中央发布）

第六十五条　组织、参加旨在反对党的领导、反对社会主义制度或者敌视政府等组织的，对策划者、组织者和骨干分子，给予开除党籍处分。

对其他参加人员，情节较轻的，给予警告或者严重警告处分；情节较重的，给予撤销党内职务或者留党察看处分；情节严重的，给予开除党籍处分。

18.

不得组织、参加会道门或者邪教组织

★ 核心要义

会道门和邪教组织通常以封建迷信、歪理邪说蛊惑人心，扰乱社会秩序，危害人民群众的身心健康。我们党是马克思主义政党，共产党员要做坚定的马克思主义无神论者。党员组织或者参加封建迷信活动的意识深处，是对信仰的背叛，是信仰缺失、精神颓废、堕落迷途的表现。共产党员必须保持坚定政治立场，深刻认识邪教组织反科学、反人类、反社会、反政府的实质，自觉增强识别抵制防范邪教组织的意识和敏感性。

★ 纪律阐释

"会道门"，主要是指具有封建迷信性质的会门、道门等秘密结社组织。"邪教组织"，主要是指冒用宗教、气功或者其他名义建立，神化首要分子，利用制造、散布迷信邪说等手段蛊惑、蒙骗他人，发展、控制成员，危害社会的组织。要区分会道门活动与一般迷信活动。前者利用封建迷信进行反动宣传，制造混乱；而后者属于文化落后，缺乏科学知识，对二者处分依据的党纪条款不同。

应当注意，组织和利用邪教组织聚众围攻、冲击国家机关，扰乱国家机关工作秩序等，属于违法犯罪行为，需要追究相关人员党纪责任的，应当适用总则中纪法衔接条款处理。对组织、参加会道门或者邪教组织的，依据《中国共产党纪律处分条例》第六十六条规定，对策划者、组织者和骨干分子，对其他参加人员，分别视情节轻重给予相应处分。对不明真相的参加人员，经批评教育后确有悔改表现的，可以免予处分或者不予处分。

★ 条例链接

《中国共产党纪律处分条例》（2023年12月19日中共中央发布）

第六十六条　组织、参加会道门或者邪教组织的，对策划者、组织者和骨干分子，给予开除党籍处分。

对其他参加人员，情节较轻的，给予警告或者严重警告处分；情节较重的，给予撤销党内职务或者留党察看处分；情节严重的，给予开除党籍处分。

对不明真相的参加人员，经批评教育后确有悔改表现的，可以免予处分或者不予处分。

纪律自觉养成课

19.

不得参加民族分裂活动

★ 核心要义

民族团结是我国各族人民的生命线，是国家繁荣昌盛的基石。民族分裂活动破坏民族团结，破坏社会稳定，危胁国家安全。党员干部要坚决贯彻党的民族政策，切实维护民族团结，反对任何形式的民族分裂行为，促进各民族共同团结奋斗、共同繁荣发展。

★ 纪律阐释

我国是一个统一的多民族国家，56个民族共同构成了中华民族大家庭。国家的统一，人民的团结，国内各民族的团结，是我们的事业必定要胜利的基本保证。党员作为中国工人阶级的有共产主义觉悟的先锋战士，必须坚定不移地贯彻执行党的民族政策，积极主动地投身到维护民族团结的行动中。

对违反党和国家民族政策的行为，必须予以严肃惩处。从党的纪律层面来看，这是严肃党的政治纪律的需要。党的政治纪律是各级党组织和全体党员在政治方向、政治立场、政治言论、政治行为方面必须遵守的规矩，是维护党的团结统一的根本保证。违反民族政策，破坏民族团结，本质上就是违反党的政治纪律，动摇党的执政根基。从社会发展的角度而言，这是维护民族团结的需要。民族团结是社会稳定的基石，是经济发展的助力，是文化繁荣的源泉。任何破坏民族团结的行为，都可能破坏社会稳定，阻碍国家的进步与发展。

党章总纲明确规定，"中国共产党维护和发展平等团结互助和谐的社会主义民族关系"，"实现各民族共同团结奋斗、共同繁荣发展"。这一规定深刻体现了党对民族问题的高度重视和对民族工作的坚定立场。《关于新形势下党内政治生活的若干准则》也从党内政治生活的角度，对党员在民族问题上的行为作出了明确规范，"不准纵容和支持宗教极端势力、民族分裂势力、暴力恐怖势力及其活动"。在当前复杂的国际国内形势下，境内外民族分裂势力、宗教极端势力、暴力恐怖势力妄图通过各种手段破坏我国的民族团结和社会稳定。党员必须时刻保持高度警惕，明辨是非、划清界限，坚决反对和抵制任何形式的分裂行为，维护国家的统一和民族的团结。

党的十八大以来，我国民族团结进步事业取得了新的历史性成就，各族群众交流交融的深度和广度前所未有。党员、干部要不断增强对伟大祖国、中华民族、中华文化、中国共产党、中国特色社会主义的认同，坚决维护国家主权、安全、发展利益，旗帜鲜明反对分裂国家图谋、破坏民族团结的言行，筑牢国家统一、民族团结、社会稳定的铜墙铁壁。

纪律自觉养成课

★ 条例链接

《中国共产党纪律处分条例》（2023年12月19日中共中央发布）

第六十七条 从事、参与挑拨破坏民族关系制造事端或者参加民族分裂活动的，对策划者、组织者和骨干分子，给予开除党籍处分。

对其他参加人员，情节较轻的，给予警告或者严重警告处分；情节较重的，给予撤销党内职务或者留党察看处分；情节严重的，给予开除党籍处分。

对不明真相被裹挟参加，经批评教育后确有悔改表现的，可以免予处分或者不予处分。

有其他违反党和国家民族政策的行为，情节较轻的，给予警告或者严重警告处分；情节较重的，给予撤销党内职务或者留党察看处分；情节严重的，给予开除党籍处分。

20.

不得信仰宗教

★ 核心要义

共产党员不能信仰宗教,这是我们党的政治纪律,是我们党区别于大多数政党的一大特点。但是,现实生活中一些党员隐性信教,背离了党的辩证唯物主义世界观。共产党员应始终坚定共产主义远大理想和中国特色社会主义共同理想,而不能到宗教中寻找自己的价值和信念。

★ 纪律阐释

我国宪法规定了中华人民共和国公民有信仰宗教的自由,但党员对此必须正确理解。共产党员是比一般公民具有更高政治觉悟、更高政治信仰、更强组织纪律性的"特殊公民",不仅要模范遵守国家的法律,还要遵守党的纪律。共产主义远大理想和中国特色社会主义共同理想是中国共产党人的精神支柱。党员如果信仰宗教、传播宗教思想,就意味着理想信念的动摇和滑坡。

纪律自觉养成课

《关于新形势下党内政治生活的若干准则》明确规定，"党员不准搞封建迷信，不准信仰宗教"。共产党员信仰宗教，已经不符合共产党员条件。根据党章第九条规定，党员缺乏革命意志，不履行党员义务，不符合党员条件，党的支部应当对他进行教育，要求他限期改正；经教育仍无转变的，应当劝他退党。劝党员退党，应当经支部大会讨论决定，并报上级党组织批准。如被劝告退党的党员坚持不退，应当提交支部大会讨论，决定把他除名，并报上级党组织批准。具体程序按2024年5月印发的《中国共产党不合格党员组织处置办法》执行。

而参与利用宗教搞煽动活动的党员，危害十分严重，影响非常恶劣，表明其已背叛了党的事业，丧失了共产党员条件，应当给予开除党籍处分。2023年修订的《中国共产党纪律处分条例》增加了"要求其限期改正"的内容，与党章提出的"不符合党员条件，党的支部应当对他进行教育，要求他限期改正"的要求保持了一致。

作为一名共产党员，应当以马克思列宁主义、毛泽东思想、邓小平理论、"三个代表"重要思想、科学发展观、习近平新时代中国特色社会主义思想作为自己的行动指南，树立唯物主义世界观，用马克思主义世界观认识世界、改造世界，解释社会现象和自然现象，做一个彻底的马克思主义信仰者、践行者。

条例链接

《中国共产党纪律处分条例》(2023年12月19日中共中央发布)

第六十九条 对信仰宗教的党员,应当加强思想教育,要求其限期改正;经党组织帮助教育仍没有转变的,应当劝其退党;劝而不退的,予以除名;参与利用宗教搞煽动活动的,给予开除党籍处分。

21.

不得搞迷信活动

★ 核心要义

共产党员必须坚守、信仰马克思主义,坚持彻底的唯物主义,坚持科学无神论,这是关乎党员世界观的根本问题。党员干部组织、参与迷信活动,不仅污染社会风气、政治生态,也损害党的形象,动摇党的执政根基,危害十分严重,应当受到党纪责任追究。

★ 纪律阐释

党员干部组织、参加迷信活动或者个人搞迷信活动,是对信仰的背叛。一些党员干部陷入迷信的泥沼,不信马列信鬼神,不信组织信"大师",这深刻反映出其内心信仰的缺失,自律的缺位,抛弃了全心全意为人民服务的根本宗旨。

有的党员干部为求仕途顺遂、平步青云,四处寻找"大师"看风水、做法事。他们对所谓的"风水宝地"深信不疑,认为通过调整办公环境的风水布局,或者进行一些神秘的法事仪式,便能升官发财。有的甚至充当迷信活动的掮客，试图借助所谓的"高人"牵线搭桥，拓展人脉、实现个人诉求。他们错误地认为，这些游走于江湖的"高人"拥有神秘力量和广泛的社会关系，能够帮助他们获取更多的利益和资源。曾有媒体曝光，一些党员干部通过参加所谓的"风水研讨会""神秘学沙龙"等活动，结识各路"大师"，并通过这些"大师"结识其他官员或商人，编织起一张以迷信为纽带的利益网络，严重破坏了当地的政治生态和社会风气。

有的党员干部在履职决策时，不是基于科学调研、理性分析和对人民利益的考量，而是看"时辰"、问"风水"，给国家和人民带来巨大损失。甚至有挪用公款组织迷信活动、谋取私利的。他们将公共财政资金视为私人财产，肆意挥霍在一些封建迷信活动上。有的用公款请"大师"举办大型法事活动，有的利用公款购买昂贵的风水摆件、宗教用品等。这些行为不仅违反了党纪国法，更是对人民群众的严重背叛。

党员干部的这些迷信行为，是对社会风气的严重污染，对政治生态的极大破坏，严重损害党在人民群众心中的崇高形象，阻碍党和国家事业的健康发展。每个党员从入党宣誓那天起，就应是坚定的唯物主义者和无神论者。党员干部要经常对照党章党规党纪，检视自己的理想信念和思想言行，不断掸去思想上的灰尘，永葆政治本色。

纪律自觉养成课

★ 条例链接

《中国共产党纪律处分条例》（2023年12月19日中共中央发布）

第七十条　组织迷信活动的，给予撤销党内职务或者留党察看处分；情节严重的，给予开除党籍处分。

参加迷信活动或者个人搞迷信活动，造成不良影响的，给予警告或者严重警告处分；情节较重的，给予撤销党内职务或者留党察看处分；情节严重的，给予开除党籍处分。

对不明真相的参加人员，经批评教育后确有悔改表现的，可以免予处分或者不予处分。

22.

在涉外活动中要避免有政治问题的言行

核心要义

涉外活动直接关系党和国家的尊严、荣誉和利益,具有很强的政治性。在国际交往中,党员干部的言行代表着国家形象,党员干部应时刻牢记自己的身份,严格遵守外交礼仪和纪律,决不能做任何损害党和国家尊严、利益的事情。

纪律阐释

《中国共产党纪律处分条例》第七十三条对涉外活动中损害党和国家尊严、利益的行为作出处分规定。该违纪行为以危害程度来判断处分幅度。条文对于危害结果的产生,并没有严格区分是故意行为还是过失行为。只要在涉外活动中因言行在政治上造成恶劣影响,损害党和国家的尊严、利益的,均构成本违纪行为。

《关于加强因公出国(境)团组境外纪律的通知》规定,行前外事纪律教育要明确出国(境)团组在境外期间的有关要求,特别要

纪律自觉养成课

明确以下几点要求：（一）不得擅自延长在外停留时间；未经批准不得变更出访路线，或以任何理由绕道旅行；不得参加与访问任务无关的活动和会议。（二）因私外出须严格执行请示汇报制度，不得随意单独活动。（三）严禁出入赌博场所，不得使用任何形式的资金参与赌博活动，不准以任何借口自行或接受接待单位安排前往赌博场所，严禁进行网络赌博。（四）严禁出入色情场所和观看色情表演，不得参加涉及低级趣味的娱乐游览项目。（五）不得借出访之机谋取私利。（六）不得违反国家规定收送礼品。（七）不得使用公款大吃大喝，聚众酗酒；不得使用公款购买高档消费品、礼品或参加高消费娱乐活动。（八）增强安全保密意识，未经批准，不得携带涉密载体（包括纸质文件和电磁介质等）；妥善保管内部材料，未经批准，不得对外提供内部文件和资料；不在非保密场所谈论涉密事项；不得泄露国家秘密和商业秘密。（九）增强应急应变意识，注意防范反华敌对势力的干扰、破坏，避免与可疑人员接触，拒收任何可疑信函和物品。（十）增强防盗、防抢、防诈骗的自我保护意识，遇到重大事项应及时与我驻外机构取得联系。（十一）增强证照管理意识，切实遵守证照管理的有关规定。在境外期间，由本人或指定专人妥善保管证照，并在回国（境）后15天内交由发证机关指定的部门统一保管或注销。

党的外事纪律，是党的纪律的重要组成部分。无论什么时候，党员干部都要切实增强政治敏锐性，在涉外活动中以良好精神风貌和举止言行维护党和国家形象，坚决防范有政治问题的言行。

★ 条例链接

《中国共产党纪律处分条例》（2023年12月19日中共中央发布）

第七十三条　在涉外活动中，其言行在政治上造成恶劣影响，损害党和国家尊严、利益的，给予撤销党内职务或者留党察看处分；情节严重的，给予开除党籍处分。

纪律自觉养成课

23.

必须认真履行全面从严治党主体责任、监督责任

★ 核心要义

全面从严治党是新时代党的自我革命的伟大实践，是党永葆生机活力、走好新的赶考之路的必由之路。认真履行全面从严治党主体责任、监督责任，有助于加强对党组织和党员干部的教育、管理和监督，及时发现和纠正问题，防止腐败现象滋生。党组织和党员领导干部要切实扛起全面从严治党责任，在强化教育管理监督中将严的基调、严的措施、严的氛围落实到位。

★ 纪律阐释

党章总纲明确规定："强化全面从严治党主体责任和监督责任，加强对党的领导机关和党员领导干部特别是主要领导干部的监督，不断完善党内监督体系。"这一规定从顶层设计层面，为全面从严治党工作指明了方向，强调了落实主体责任与监督责任的重要性，以

及构建科学完善党内监督体系的必要性。

《关于新形势下党内政治生活的若干准则》进一步对全面从严治党责任落实作出具体规范："落实党委主体责任和纪委监督责任，强化责任追究。党委（党组）主要负责人要认真履行第一责任人责任。"这一要求，从党内政治生活的角度出发，将责任落实与责任追究紧密结合。

《中国共产党党内监督条例》从制度层面，对党委（党组）和纪委在党内监督中的职责作出详细规定："党委（党组）在党内监督中负主体责任，书记是第一责任人，党委常委会委员（党组成员）和党委委员在职责范围内履行监督职责。"这明确了党委内部各层级在党内监督中的具体分工，形成了从上到下、层层负责的监督责任体系。

《中国共产党问责条例》将"全面从严治党主体责任、监督责任落实不到位"列为应当问责的失职失责情形。这一规定为全面从严治党责任落实提供了强有力的制度保障，一旦发现党委（党组）或纪委在履行主体责任或监督责任过程中存在敷衍塞责、推诿扯皮、工作不力等情况，将依据条例进行严肃问责。这不仅能够促使各级党组织和纪检监察机关切实履行职责，还能对其他党员干部起到警示作用，形成良好的责任落实氛围。

需要注意的是，履行全面从严治党主体责任失职是违反党的政治纪律的行为，而不是违反工作纪律的行为。这是因为全面从严治党主体责任的落实，直接关系到党的政治方向、政治立场、政治原则和政治道路，必须从政治高度深刻认识全面从严治党主体责任的重要性。全面从严治党是各级党组织的职责所在，各级党组织要担负起全面从严治党主体责任，增强管党治党意识、落实管党治党责任，把抓好党建作为最大的政绩。

★ 条例链接

《中国共产党纪律处分条例》（2023年12月19日中共中央发布）

第七十四条　不履行全面从严治党主体责任、监督责任或者履行全面从严治党主体责任、监督责任不力，给党组织造成严重损害或者严重不良影响的，对直接责任者和领导责任者，给予警告或者严重警告处分；情节严重的，给予撤销党内职务或者留党察看处分。

24.

不得搞无原则一团和气

★ 核心要义

好人主义是党内存在的一种不良作风。搞无原则一团和气，表面上看可以掩盖问题、掩饰矛盾，实际上却容易造成一个地区或单位软弱涣散、纪律松弛。我们党历来提倡团结，但团结是通过积极健康的思想斗争达成的，不是无原则的一团和气。有的同志担心批评会影响团结和感情，不利于工作。但只要抱着与人为善和"团结—批评—团结"的目的，注意批评的方式方法，不仅不会影响团结，反而有利于克服影响团结的消极因素，使同志间感情更深厚、工作开展更顺利。

★ 纪律阐释

一团和气、好好先生、你好我好大家好，这不是团结，而是涣散，也是一种麻痹。在现实工作中，部分党员领导干部陷入好人主义泥沼，有的放弃党性、忘记职责，为了维持所谓的"人际关系"，不惜

纪律自觉养成课

放弃原则，当起老好人、太平官；有的面对大是大非时不敢斗争，在重大问题上没有原则；有的对错误思想和行为捂着、护着，管理不力，处理不严。

搞无原则一团和气，其实质是对党不忠诚、不老实。我们党向来讲实事求是，这是党员领导干部应有的原则和立场，讲政治、对党忠诚都是具体的、实在的，那些分不清是非、搞不清立场，搞无原则一团和气的党员领导干部，说到底就是对党不忠诚、不老实。搞无原则一团和气也是纪律意识不强的表现。个别党员领导干部缺乏纪律意识，特别是对党的政治纪律和政治规矩认识不清，曲解"和为贵"，认为"你好我好大家好"是为了维护"团结"，不会有什么危害，更谈不上违纪，从而导致这种风气蔓延扩散。

《中国共产党纪律处分条例》第七十五条规定，党员领导干部对违反政治纪律和政治规矩等错误思想和行为不报告、不抵制、不斗争，放任不管，搞无原则一团和气，视情节轻重给予纪律处分。这一纪律条款为规范党员领导干部的行为提供了明确的依据和有力的约束。党员领导干部要深刻认识到好人主义的危害，加强党性修养，增强政治判断力、政治领悟力、政治执行力，坚决防止和反对好人主义，切实履行好自己的职责，维护党的政治纪律和政治规矩。

★ 条例链接

《中国共产党纪律处分条例》(2023 年 12 月 19 日中共中央发布)

第七十五条　党员领导干部对违反政治纪律和政治规矩等错误

思想和行为不报告、不抵制、不斗争,放任不管,搞无原则一团和气,造成不良影响的,给予警告或者严重警告处分;情节严重的,给予撤销党内职务或者留党察看处分。

25.
要严守党的优良传统和工作惯例等党的规矩

★ 核心要义

规矩,是约束人们日常行为的一定规则。党的优良传统和工作惯例是在长期实践中形成的宝贵财富,是党的规矩的重要组成部分。按规律办事、按规矩做事,是党员干部必须坚守的原则。对党员干部来说,按规矩做事,就是要严格遵守党章、党的纪律、国家法律,自觉遵循党在长期实践中形成的优良传统和工作惯例,不越规、不逾矩。

★ 纪律阐释

纪律不严,从严治党就无从谈起。领导干部违纪往往是从破坏规矩开始的。规矩不能立起来、严起来,很多问题就会慢慢产生出来。党的规矩总的包括党章、党的纪律、国家法律、党在长期实践中形成的优良传统和工作惯例。

为什么说党在长期实践中形成的优良传统和工作惯例也是十分

重要的党内规矩？这是因为，对我们这么一个大党来讲，不仅要靠党章和纪律，还得靠党的优良传统和工作惯例。这些规矩看着没有白纸黑字的规定，但都是一种传统、一种范式、一种要求。纪律是成文的规矩，一些未明文列入纪律的规矩是不成文的纪律；纪律是刚性的规矩，一些未明文列入纪律的规矩是自我约束的纪律。习近平总书记指出："党内很多规矩是我们党在长期实践中形成的优良传统和工作惯例，经过实践检验，约定俗成、行之有效，反映了我们党对一些问题的深刻思考和科学总结，需要全党长期坚持并自觉遵循。"

掌握这些不成文的规矩，关键在于锤炼党性。党性是党员干部立身、立业、立言、立德的基石。领导干部要认真履职尽责，做好分内之事，立足岗位职责任务，把纪律严格守好，不越轨逾矩，不跑冒滴漏。增强党员干部纪律意识，把规矩立起来，不断提升党性修养。

《中国共产党纪律处分条例》第七十六条规定，违反党的优良传统和工作惯例等党的规矩，在政治上造成不良影响或者严重后果的，给予相应处分。党的纪律和规矩是检验党员干部是否忠诚老实的"试金石"。党员干部要以身作则守纪律、讲规矩，党叫干什么就坚决干，党不允许干什么就坚决不干，始终知敬畏、存戒惧、守底线。

★ 条例链接

《中国共产党纪律处分条例》（2023年12月19日中共中央发布）

第七十六条　违反党的优良传统和工作惯例等党的规矩，在政治上造成不良影响或者严重后果的，给予警告或者严重警告处分；情节较重的，给予撤销党内职务或者留党察看处分；情节严重的，给予开除党籍处分。

组织纪律

26.
下级党组织不得擅自改变上级党组织决定

★ 核心要义

党章第十条规定,党员个人服从党的组织,少数服从多数,下级组织服从上级组织,全党各个组织和全体党员服从党的全国代表大会和中央委员会。"四个服从",既是党内最基本的组织原则,也是最基本的组织纪律。党的下级组织必须坚决执行上级组织的决定,这是民主集中制的重要内容,也是贯彻党的路线方针政策和增强党内生活政治性、原则性、战斗性必须遵守的组织纪律要求,要不折不扣贯彻执行。

★ 纪律阐释

下级党组织拒不执行或者擅自改变上级党组织决定,违反民主集中制原则,严重削弱以至破坏党的集中统一领导,影响党的事业发展。所谓"拒不执行",是指下级党组织在上级党组织明确要求其执行有关决定的情况下仍然置若罔闻,不予执行。所谓"擅自改变",

纪律自觉养成课

是指下级党组织在执行上级党组织有关决定的过程中，未经上级党组织批准或者同意，擅自对执行内容、执行方式或执行程度等进行变更。

下级党组织不能随意对上级党组织的决定进行怀疑，自作主张地主观判断上级决定是错误的。上级党组织在作出决定前，往往会经过全面的调研、审慎的权衡以及集体的智慧决策，其决定具有全局性和战略性考量。如果下级党组织发现上级党组织的决定与本地实际情况不相符合，或有明显错误，应遵循正确的程序，及时向上级党组织反映、沟通。通过正式、规范的渠道反馈，上级党组织能够及时了解基层的实际情况，进而对决定进行评估、调整或给予进一步解释说明。但在上级党组织未作出新的指示前，下级党组织不能拒不执行或者擅自改变上级党组织决定。

各级党组织和全体党员都应深刻认识到组织观念与组织原则的重要性。要强化党的意识和组织观念，自觉服从组织安排，严格执行民主集中制。上级党组织的决定是基于党和国家事业发展的大局做出的，代表着最广大人民群众的根本利益。只有各级党组织和全体党员坚决执行上级决定，才能形成强大的凝聚力和战斗力，推动党的各项事业不断向前发展。若对上级决定随意违抗、肆意变更，党就会变成一盘散沙，因此必须不折不扣落实"四个服从"，自觉做到思想上认同组织、政治上依靠组织、工作上服从组织、感情上信赖组织。

条例链接

《中国共产党纪律处分条例》（2023年12月19日中共中央发布）

第七十八条 下级党组织拒不执行或者擅自改变上级党组织决定的，对直接责任者和领导责任者，给予警告或者严重警告处分；情节严重的，给予撤销党内职务或者留党察看处分。

纪律自觉养成课

27.
必须服从党组织的分配、调动、交流等决定

★ 核心要义

坚决服从党的领导,是检验一名共产党员有党性、讲政治、守纪律的重要标准。无组织纪律,向组织讨价还价,不服从组织人事安排、工作分工、任务分配等决定,破坏民主集中制原则,损害党组织威信,对这种行为如不严格加以纪律约束,党就会失去战斗力、凝聚力和向心力,成为一盘散沙。党员干部要坚决服从组织安排,带头维护党中央权威和集中统一领导。每一名党员、干部都必须按照党的利益高于一切的原则来处理个人问题,自觉地服从党组织对自己工作的分配、调动和安排。

★ 纪律阐释

党章规定,"执行党的决定,服从组织分配,积极完成党的任务"是党员必须履行的义务。《关于新形势下党内政治生活的若干准则》明确指出:"领导干部要自觉服从组织分工安排,任何人不

能向组织讨价还价、不服从组织安排。"这一准则不仅是对领导干部的要求,更是对全体党员的警示。上下贯通、执行有力,严密的组织体系是党的优势所在、力量所在。党员干部作为党的事业的中坚力量,要以身作则,带头坚决服从党组织决定。在面对党组织的分配、调动、交流等安排时,要以大局为重,将个人的小算盘置于党的事业大棋盘之下,决不能因个人情绪,诸如不愿意离开熟悉的工作生活环境、害怕面对新的工作岗位的挑战等,而拒绝党组织的合理安排。

现实中,仍有个别党员虽然在组织上入了党,思想上却未能跟上党的步伐,组织观念淡薄,尤其在涉及个人工作分配、交流、调动等与切身利益紧密相关的事项时,向组织讨价还价。这种行为严重违反《中国共产党纪律处分条例》等党内法规,公然触犯党的纪律红线。

在特殊时期或者紧急状况下,拒不执行党组织决定的行为性质更为恶劣。所谓"特殊时期或者紧急状况",主要是指造成或者可能造成严重社会危害,需要采取紧急处置措施予以应对的自然灾害、事故灾难、公共卫生事件和社会安全事件等时期或情况。特殊时期或者紧急状况下,拒不执行党组织的决定,极有可能带来不可挽回的严重后果,给人民群众利益造成更加严重的损害,给党和国家带来更加严重的不良影响,应当给予留党察看或者开除党籍处分。

★ 条例链接

《中国共产党纪律处分条例》(2023年12月19日中共中央发布)

第七十九条 拒不执行党组织的分配、调动、交流等决定的，给予警告、严重警告或者撤销党内职务处分。

在特殊时期或者紧急状况下，拒不执行党组织上述决定的，给予留党察看或者开除党籍处分。

28.

在纪律审查中应严格履行作证义务

★ 核心要义

党员在纪律审查中不履行或不正确履行作证义务,拒绝作证或者故意提供虚假情况,严重干扰审查工作的正常开展。纪律审查是党组织对涉嫌违纪的党组织和党员进行的立案审查活动,旨在惩治腐败、严明党纪,是一项严肃的政治工作,是维护党的纪律权威性的重要举措。证人证言作为证据链条的重要一环,对于确保纪律审查的全面公正至关重要。党员干部应秉持实事求是的态度,在纪律审查中积极主动配合,毫无保留地如实提供所知信息,助力党组织精准打击违规违纪行为,维护纪律尊严,净化党内政治生态。

★ 纪律阐释

每个公民都有作证的义务,《中华人民共和国刑事诉讼法》规定,凡是知道案件情况的人,都有作证的义务。对于党员而言,更应在纪律审查中履行作证义务。《中国共产党纪律检查机关案件检查工作条例》规定，凡是知道案件情况的组织和个人都有提供证据的义务。《中华人民共和国监察法》和《中华人民共和国公职人员政务处分法》明确，监察机关进行调查时，有权依法向有关单位和个人了解情况，收集、调取证据。有关单位和个人应当如实提供情况。《关于新形势下党内政治生活的若干准则》明确要求，全体党员必须对党忠诚老实，如实向党反映和报告情况。

实践中，有的党员担心作证影响日后职务升迁和事业发展；有的担心作证会给自己带来风险；有的受人情所困，拉不下脸面，不愿作证；还有的是本身就有问题，做贼心虚，害怕暴露。拒绝作证的行为，既有明确表示不配合审查的"积极不作为"，也有通过隐匿行踪、拖延作证等方式消极对抗的"消极不作为"。而故意提供虚假情况的行为，往往与对抗组织审查交织。

《中国共产党纪律处分条例》第八十条新增关于"在党组织纪律审查中，依法依规负有作证义务的党员拒绝作证或者故意提供虚假情况"的处分规定，既是对党章关于党员义务规定的细化，也是推动反腐败斗争向纵深发展的必然要求。它通过严明纪律红线，倒逼党员强化组织观念，破除"老好人"思想，为构建不敢腐、不能腐、不想腐的有效机制提供了纪律支撑。在全面从严治党的新形势下，每一名党员都应清醒认识到，如实作证不仅是法定义务，更是对党忠诚的具体体现，任何试图干扰、阻碍纪律审查的行为，都将受到党纪国法的严肃惩处。

★ 条例链接

《中国共产党纪律处分条例》(2023年12月19日中共中央发布)

第八十条 在党组织纪律审查中,依法依规负有作证义务的党员拒绝作证或者故意提供虚假情况,情节较重的,给予警告或者严重警告处分;情节严重的,给予撤销党内职务、留党察看或者开除党籍处分。

29.
不得瞒报个人有关事项

★ 核心要义

领导干部个人有关事项报告制度是请示报告制度的重要组成部分,如实向组织报告个人有关事项,是领导干部必须遵守的政治纪律和组织纪律,也是检验领导干部对党忠诚老实的试金石。如实、准确、全面向党反映和报告情况,是每一名党员干部应尽的义务。党员、干部要有组织观念、程序观念,在涉及重大问题、重要事项时必须按规定向组织请示报告,领导干部更要带头执行、模范遵守、以上率下。

★ 纪律阐释

《领导干部报告个人有关事项规定》作为一项关键制度,对规范领导干部从政行为、确保权力在阳光下运行发挥着重要作用。依据这一规定,领导干部应当报告与其权力行使关联紧密的家事、家产情况。其中,家事包括婚姻、因私出国(境)证件和行为、移居国

（境）外、从业、被司法机关追究刑事责任等情况，家产包括工资收入，劳务所得，房产，持有股票、基金和投资型保险，经商办企业以及在国（境）外的存款和投资等情况。

实践中，个别领导干部组织观念薄弱，错报漏报甚至隐瞒不报个人有关事项。其中，涉及房产、投资、理财等方面的错报漏报事项相对较为突出。党员干部隐瞒不报或不如实报告个人有关事项有多种情形，有的是纪法意识匮乏，未将如实报告当作应尽职责，敷衍应付；有的是侥幸心理作祟，认为隐瞒行为不会被察觉，或者即便被发现也可能不会受到重罚；有的是自我保护心理驱使，担心如实报告个人情况可能会引发不良后果，如面临纪律处分、晋升受阻等。

在实际执行中，错报漏报情况占多数。情节较轻的，如因疏忽导致个别信息遗漏，会给予批评教育、责令检查、限期改正等处理，旨在让领导干部认识错误并及时纠正。而情节较重的漏报，如故意漏报关键资产信息，会给予诫勉、取消考察对象资格、调整职务等处理，以起到警示作用。隐瞒不报的行为性质更为恶劣。根据情节轻重，处理措施涵盖诫勉、取消考察对象资格、调整职务、责令辞职、免职、降职等。存在两种以上隐瞒不报情形的，如既隐瞒房产又隐瞒投资收益，将从重处理。若隐瞒不报情节较重或者查核发现涉嫌其他违规违纪违法问题，如通过隐瞒房产收益掩盖受贿事实等，将依照《中国共产党组织处理规定（试行）》《中国共产党纪律处分条例》《中华人民共和国公职人员政务处分法》等严肃处理，绝不姑息。

纪律自觉养成课

根据有关规定，领导干部应当每年集中报告上一年度的个人有关事项。需要注意的是，年度集中报告后，领导干部若发生本人婚姻和配偶、子女移居国（境）外、从业等事项，应当在30日内或者第一时间及时报告，并在年度集中报告时继续填报。因特殊原因不能按时报告的，特殊原因消除后应当及时补报，并说明原因。

党员、干部要有组织观念、程序观念，该请示的必须请示，该报告的必须报告，决不能我行我素，决不能遮遮掩掩甚至隐瞒不报。各级党组织要坚持严字当头，抓好党员、干部个人有关事项报告制度贯彻执行，对不如实说明情况、避重就轻、欺瞒组织的干部，严肃处理、坚决问责，持续营造风清气正的政治生态。

★ 条例链接

《中国共产党纪律处分条例》（2023年12月19日中共中央发布）

第八十一条 有下列行为之一，情节较重的，给予警告或者严重警告处分：

（一）违反个人有关事项报告规定，隐瞒不报；

（二）在组织进行谈话函询时，不如实向组织说明问题；

（三）不按要求报告或者不如实报告个人去向；

（四）不如实填报个人档案资料。

有前款第二项规定的行为，同时向组织提供虚假情况、掩盖事实的，依照本条例第六十三条规定处理。

篡改、伪造个人档案资料的，给予严重警告处分；情节严重的，给予撤销党内职务或者留党察看处分。

隐瞒入党前严重错误的，一般应当予以除名；对入党多年且一贯表现好，或者在工作中作出突出贡献的，给予严重警告、撤销党内职务或者留党察看处分。

30.

面对谈话函询，要如实向组织说明问题

★ 核心要义

谈话函询是开展党内监督的重要方式。党员干部在谈话函询时隐瞒、编造、歪曲事实和回避问题，可能导致党组织无法全面、准确地掌握实际情况，进而影响对问题的判断和处理。"惩前毖后、治病救人"是我们党的一贯方针，也是谈话函询的重要目的，充分体现了对干部的严管厚爱。通过谈话函询，可以有效引导那些有反映的干部及时讲清问题、认识错误，起到严肃纪律、教育警醒的作用。

★ 纪律阐释

谈话函询在党风廉政建设和反腐败工作体系中占据着举足轻重的地位，既是处置问题线索的重要方式，也是落实监督执纪"四种形态"第一种形态的有力抓手，体现了"把纪律挺在前面""抓早抓小"的精神。精准运用谈话函询，能及时发现党员领导干部身上的苗头性、倾向性问题，将问题化解于萌芽状态，避免小错酿成大错。

谈话函询的目的，是本着对同志高度负责的态度，让有反映的党员干部把问题如实讲清楚。现实中，有的党员干部没有珍惜组织给予的机会，为了掩饰自身问题、逃避组织监督管理，在谈话函询过程中欺骗组织。有的对自身存在的问题予以否认；有的遮遮掩掩，对关键事实和细节闪烁其词，试图蒙混过关；有的避重就轻，只谈一些无关痛痒的小问题，而对其他相对较重的问题则予以否认。对党忠诚是共产党人首要的政治品质。党员在任何时候都要做到对党忠诚老实，特别是在犯错误后，更应当相信组织、依靠组织。

2023年修订的《中国共产党纪律处分条例》第八十一条增加了一款内容，即有前款第二项规定的行为，同时向组织提供虚假情况、掩盖事实的，依照《中国共产党纪律处分条例》第六十三条规定处理。这一修订有着极强的现实针对性。不如实向组织说明问题，违反党的组织纪律，但向组织提供虚假情况、掩盖事实，是主动欺骗组织的恶劣行为，属于对抗组织审查情况，严重违反党的政治纪律。

★ 条例链接

《中国共产党纪律处分条例》(2023年12月19日中共中央发布)

第八十一条 有下列行为之一，情节较重的，给予警告或者严重警告处分：

（一）违反个人有关事项报告规定，隐瞒不报；

（二）在组织进行谈话函询时，不如实向组织说明问题；

（三）不按要求报告或者不如实报告个人去向；

（四）不如实填报个人档案资料。

有前款第二项规定的行为，同时向组织提供虚假情况、掩盖事实的，依照本条例第六十三条规定处理。

篡改、伪造个人档案资料的，给予严重警告处分；情节严重的，给予撤销党内职务或者留党察看处分。

隐瞒入党前严重错误的，一般应当予以除名；对入党多年且一贯表现好，或者在工作中作出突出贡献的，给予严重警告、撤销党内职务或者留党察看处分。

31.
要按要求如实报告个人去向

★ 核心要义

纪律严明是中国共产党的光荣传统和独特优势,按要求向组织如实报告个人有关事项、个人去向,是每一位党员领导干部必须遵守的纪律。一些党员领导干部在流动外出、离开岗位或工作所在地时,不按规定报告或不如实报告个人去向,严重违反党的组织纪律。党员干部要有政治意识、组织观念和程序观念,该请示的必须请示,该报告的必须报告。这不仅是对党员干部的基本要求,更是组织掌握党员干部思想动态、履职过程、社会活动的重要方式。

★ 纪律阐释

请示报告制度是党的一项重要规章制度。实践中,一些党员干部组织观念淡薄,在思想上未能深刻认识到请示报告制度的严肃性,行为上肆意妄为,凭借个人意愿行事,想去哪儿就去哪儿,还持有"这不过是些芝麻小事,压根没必要向组织请示报告"的错误观念。

纪律自觉养成课

请示报告制度绝非无足轻重的形式主义，而是我们党的一项重要政治纪律、组织纪律、工作纪律，更是执行民主集中制的有效工作机制。按规定向组织请示报告，如实报告个人去向，是必须严格遵守的铁律，也是检验一名干部合格的试金石。

一些干部无视组织纪律，不按要求报告个人去向，往往是因为其行为欠妥，不敢报告。如有的党员干部作风败坏，生活奢靡，瞒着组织以出差为名到处吃喝玩乐，严重损害党员干部在群众心中的形象；有的党员干部因其他不可告人的目的，故意对组织隐瞒个人行踪。需要指出的是，在判定此类行为是否违纪时，并非依据其去向目的是否正当来衡量。即便党员干部是出于正常的探亲访友目的，如果不按要求报告，或者不如实报告，也是违纪行为。

《关于新形势下党内政治生活的若干准则》强调，领导干部必须强化组织观念，工作中重大问题和个人有关事项必须按规定按程序向组织请示报告，离开岗位或工作所在地要事先向组织请示报告。《中国共产党重大事项请示报告条例》明确规定，党员应当向党组织报告流动外出情况。党的纪律是刚性约束，是不可触碰的高压线。党员干部必须时刻牢记自己的第一身份是共产党员，要将组织纪律内化于心、外化于行，自觉、主动、如实向组织报告个人去向，做到言行一致、表里如一。各级党组织也应切实履行主体责任，加强对党员干部的教育管理和监督检查，对于违反外出请示报告制度的行为绝不姑息迁就，以强有力的纪律保障，维护党的团结统一和行动一致，推动党的事业不断向前发展。

★ 条例链接

《中国共产党纪律处分条例》（2023年12月19日中共中央发布）

第八十一条 有下列行为之一，情节较重的，给予警告或者严重警告处分：

（一）违反个人有关事项报告规定，隐瞒不报；

（二）在组织进行谈话函询时，不如实向组织说明问题；

（三）不按要求报告或者不如实报告个人去向；

（四）不如实填报个人档案资料。

有前款第二项规定的行为，同时向组织提供虚假情况、掩盖事实的，依照本条例第六十三条规定处理。

篡改、伪造个人档案资料的，给予严重警告处分；情节严重的，给予撤销党内职务或者留党察看处分。

隐瞒入党前严重错误的，一般应当予以除名；对入党多年且一贯表现好，或者在工作中作出突出贡献的，给予严重警告、撤销党内职务或者留党察看处分。

纪律自觉养成课

32.
不得违规组织、参加自发成立的老乡会、校友会、战友会

★ 核心要义

党员领导干部参加正常范围内的老乡、校友、战友聚会,进行健康文明、积极向上的人际交往,并不违反党的纪律。但现实中,有些自发组织的校友会、老乡会、战友会等却变了味,成为一些人拓展人脉的渠道。党员领导干部应当注意自己的交际圈、朋友圈,防止被不正常的"关系"影响,警惕被别有用心的人"围猎",保证自己的人际关系清清爽爽。

★ 纪律阐释

党员领导干部参加老乡会、校友会、战友会等组织和活动,多数是为了联络感情,广交朋友,或者为家乡的经济发展、为母校的建设献计献策,帮忙出力。但也有部分党员领导干部参与其中后,借联谊、聚会之名,大吃大喝,挥霍浪费,有的甚至编织"关系网",

拉"小圈子",搞团团伙伙或非组织活动,在干部群众中产生了不良影响。

《中国共产党纪律处分条例》第八十二条规定,党员领导干部违反有关规定组织、参加自发成立的老乡会、校友会、战友会等,情节严重的,给予相应处分。这里的"违反有关规定",主要是指2002年中共中央纪委、中共中央组织部、总政治部联合印发的《关于领导干部不得参加自发成立的"老乡会"、"校友会"、"战友会"组织的通知》等规定。按照规定,领导干部不得参加自发成立(未经民政部门登记注册)的老乡、校友、战友之间的各种联谊会之类的组织,不得担当这类联谊会的发起人和组织者,不得在这类联谊会中担任相应职务。

这一违纪行为的构成要件,一是违纪主体为"党员领导干部",对党员领导干部提出的更高标准、更严要求,与一般党员形成区分,凸显了领导干部在遵守党纪方面应发挥的模范带头作用。二是必须达到情节严重才构成违纪。所谓"情节严重",一般是指多次参加相关的活动,或组织、参加多个老乡会、校友会、战友会,或在其中起领导、骨干作用,或借参加类似活动吃吃喝喝,大肆挥霍乃至编织"关系网",搞亲亲疏疏、团团伙伙,甚至有"结盟""金兰结义"等行为,给党的形象造成了严重的损害,引发严重不良影响等。

党员领导干部要把违反规定参加老乡、校友、战友之间的各种联谊类活动的情况作为廉洁自律的内容,严格自查自纠。要保持严肃的生活作风、培养健康的生活情趣,净化社交圈、生活圈、朋友圈。

★ 条例链接

《中国共产党纪律处分条例》（2023年12月19日中共中央发布）

第八十二条　党员领导干部违反有关规定组织、参加自发成立的老乡会、校友会、战友会等，情节严重的，给予警告、严重警告或者撤销党内职务处分。

33.

不得搞拉票、助选、贿选

★ 核心要义

党内选举是党内政治生活的重要组成部分。《关于新形势下党内政治生活的若干准则》规定，党内选举必须体现选举人意志，坚决防止和查处拉票贿选等行为。搞拉票、助选、贿选，严重破坏选举的公平性和党组织的权威，是对民主集中制的公然挑战。党员干部要时刻保持警惕，坚决杜绝一切违规行为，以实际行动维护党的纯洁性和纪律的严肃性，营造风清气正的选举环境。

★ 纪律阐释

拉票、助选、贿选行为的背后，是行为人极度膨胀的私欲，将个人的仕途晋升凌驾于公共利益之上。在一些地方的选举中，有的候选人不惜一切代价，通过各种不正当手段为自己拉选票。他们组建小团体，以利益输送为纽带，拉拢一批人形成所谓的"支持阵营"，全然不顾选举的公正性与严肃性，只为满足自己对权力的贪婪渴望。

拉票贿选行为，严重破坏了选举生态，使得选举沦为少数人谋取私利的工具。

在民主推荐、民主测评、组织考察和党内选举等关键环节，搞非组织活动，无疑是对组织权威和选举纪律的公然挑衅。从表面上看，非组织活动破坏了选举工作制度，侵犯其他选举人权益，干扰选举人表达选举意愿，让选举结果偏离了正轨。而从深层次剖析，非组织活动破坏了民主集中制原则。民主集中制是我们党的根本组织原则和领导制度，拉票贿选动摇党的干部工作根基，危害党的政治生态，长此以往，将严重损害党和国家在人民群众心中的形象，削弱党和国家的公信力。

党员干部必须坚守党性原则，时刻绷紧纪律之弦。无论是党内选举，还是法律规定的各类选举，党员干部都应以身作则，坚决不能搞拉票、助选，更要杜绝搞有组织的拉票贿选或者用公款拉票贿选等恶劣行径。只有严守纪律底线，才能确保选举活动风清气正，为党和国家的事业选拔出真正优秀的人才，推动各项事业蓬勃发展。

★ 条例链接

《中国共产党纪律处分条例》（2023年12月19日中共中央发布）

第八十三条 有下列行为之一的，给予警告或者严重警告处分；情节较重的，给予撤销党内职务或者留党察看处分；情节严重的，给予开除党籍处分：

（一）在民主推荐、民主测评、组织考察和党内选举中搞拉票、助选等非组织活动；

（二）在法律规定的投票、选举活动中违背组织原则搞非组织活动，组织、怂恿、诱使他人投票、表决；

（三）在选举中进行其他违反党章、其他党内法规和有关章程活动。

搞有组织的拉票贿选，或者用公款拉票贿选的，从重或者加重处分。

纪律自觉养成课

34.
严禁任人唯亲、排斥异己、封官许愿等行为

★ 核心要义

我们党历来高度重视选贤任能，始终把选人用人作为关系党和人民事业的关键性、根本性问题来抓。任人唯亲、排斥异己、封官许愿等行为，不仅损害党组织在人民群众中的威望，而且打击党员干部干事创业的心气，甚至严重破坏一个地区、一个单位的政治生态。党组织和党员干部要严格执行干部选拔任用工作相关政策要求和程序规定，促进营造风清气正的选人用人环境，切实发挥正确选人用人的风向标作用。

★ 纪律阐释

党的二十大报告强调："坚持党管干部原则，坚持德才兼备、以德为先、五湖四海、任人唯贤，把新时代好干部标准落到实处。树立选人用人正确导向，选拔忠诚干净担当的高素质专业化干部，选优配强各级领导班子。"这一重要论述为新时代做好选人用人工作提

供了根本遵循。五湖四海、任人唯贤，是我们党选人用人的优良传统，是坚持党的性质和宗旨的必然要求。党的性质和宗旨，决定了我们党在选拔任用干部时，必须秉持海纳百川的胸怀，广聚天下英才，唯贤是举，反对任人唯亲。历史充分证明，坚持五湖四海、任人唯贤，能够充分调动广大干部的积极性、主动性和创造性，营造出心齐、气顺、风正、劲足的良好氛围，有效防止选人用人过程中出现不正之风，进而不断增强党的凝聚力、创造力和战斗力。反之，若背离这一原则，任人唯亲，搞团团伙伙，则严重污染党内政治生态，严重损害党的事业。

为了确保干部选拔工作制度化、规范化、科学化，《党政领导干部选拔任用工作条例》明确规定了一系列必须严格遵守的纪律，强调不准超职数配备、超机构规格提拔领导干部、超审批权限设置机构配备干部，或者违反规定擅自设置职务名称、提高干部职务职级待遇；不准采取不正当手段为本人或者他人谋取职务、提高职级待遇；不准违反规定程序动议、推荐、考察、讨论决定任免干部，或者由主要领导成员个人决定任免干部；不准私自泄露研判、动议、民主推荐、民主测评、考察、酝酿、讨论决定干部等有关情况；不准在干部考察工作中隐瞒或者歪曲事实真相；不准在民主推荐、民主测评、组织考察和选举中搞拉票、助选等非组织活动；不准利用职务便利私自干预下级或者原任职地区、系统和单位干部选拔任用工作；不准在机构变动，主要领导成员即将达到任职年龄界限、退休年龄界限或者已经明确即将离任时，突击提拔、调整干部；不准在干部选拔任用工作中任人唯亲、排斥异己、封官许愿，拉帮结派、搞团团伙伙，

纪律自觉养成课

营私舞弊；不准篡改、伪造干部人事档案，或者在干部身份、年龄、工龄、党龄、学历、经历等方面弄虚作假。对违反规定的事项，按照有关规定对党委（党组）主要领导成员和有关领导成员、组织（人事）部门有关领导成员以及其他直接责任人作出组织处理或者纪律处分；涉嫌违法犯罪的，移送有关国家机关依法处理。

各级领导干部作为党的事业的中坚力量，肩负着为党和人民选贤任能的重要使命。在选人用人过程中，必须坚守党性原则，将纪律和规矩挺在前面，绷紧纪律之弦，筑牢思想防线。要以对党和人民高度负责的态度，严格按照党的干部选拔任用原则、标准和程序办事，做到公正无私、唯贤是举，杜绝为了个人或者小团体利益而触犯纪律底线的行为。

★ 条例链接

《中国共产党纪律处分条例》（2023年12月19日中共中央发布）

第八十四条　在干部选拔任用工作中，有任人唯亲、排斥异己、封官许愿、说情干预、跑官要官、突击提拔或者调整干部等违反干部选拔任用规定行为，对直接责任者和领导责任者，情节较轻的，给予警告或者严重警告处分；情节较重的，给予撤销党内职务或者留党察看处分；情节严重的，给予开除党籍处分。

用人失察失误造成严重后果的，对直接责任者和领导责任者，依照前款规定处理。

35.

谨防用人失察失误

★ 核心要义

选人用人时要突出考察领导干部的政治素质、道德品行、专业素养、工作实绩和作风修养等情况,同时要真实全面,确保选拔科学公正。考察过程应严格对标党章要求与新时代好干部标准,坚持公正客观,坚决以实绩为导向,摒弃一切主观偏见与不当偏好,让标准严起来、硬起来。决策应严格遵循民主集中制,集体研判、审慎定夺,杜绝"一言堂"和违规操作。通过环环相扣的把控,选拔出对党忠诚、堪当重任的干部,为党和国家事业汇聚强劲力量,巩固党的执政地位,推动各项事业蓬勃发展。

★ 纪律阐释

干部选拔任用工作是一项极其严肃且关键的工作,它关系到党的事业兴衰成败,关系到国家的长治久安和人民的幸福安康。选拔领导干部必须坚持公开、公平、公正的基本原则,严格依照法律法

纪律自觉养成课

规以及党内的各项规章制度来进行。公开原则要求选拔任用的过程和结果向社会或相关群体公开，接受广泛的监督，确保选拔任用工作在阳光下进行；公平原则强调对所有符合条件的干部一视同仁，不偏不倚，为每一位干部提供平等的竞争机会；公正原则强调选拔任用工作要基于客观事实和准确的评价，以公正的标准来衡量干部的德才表现。只有严格依法依规进行，才能保证选拔任用工作的科学性和规范性，选拔出真正优秀、合适的干部。

在干部选拔任用过程中失察失误，不仅损害党组织在人民群众中的威望，而且打击党员干部干事创业的心气，甚至严重破坏一个地区、一个单位的政治生态。从纪律处分的角度来看，"用人失察失误"在给党、国家和人民利益造成严重损失，或者给党的声誉造成恶劣影响等严重后果的情况下，会给予相应的纪律处分，如警告、严重警告、撤销党内职务、留党察看、开除党籍等，旨在对相关责任人的错误行为进行严肃问责，以起到警示和教育的作用。

为了有效避免选人用人失察失误行为的发生，各级党组织和相关部门必须切实加强对干部选拔任用工作的管理和监督。一方面，要建立健全科学合理的干部选拔任用机制，完善考察考核制度，明确选拔任用的标准和程序，确保选拔任用工作有章可循、有法可依。另一方面，要加强对干部选拔任用工作全过程的监督，建立起全方位、多层次的监督体系，包括组织监督、群众监督、舆论监督等，及时发现和纠正选人用人过程中出现的问题。同时，要加强对干部选拔任用工作人员的培训和教育，提高他们的业务能力和责任意识，使其能够认真履行职责，准确把握干部的德才表现，为党和国家选拔出忠诚干净担当的高素质干部。

选人用人失察失误行为危害巨大，必须引起高度重视。要通过加强制度建设、强化监督管理、提高工作人员素质等多种措施，切实保障干部选拔任用工作的公正、公平、公开，为党的事业和国家的发展提供坚实的组织保障。

★ 条例链接

《中国共产党纪律处分条例》（2023年12月19日中共中央发布）

第八十四条　在干部选拔任用工作中，有任人唯亲、排斥异己、封官许愿、说情干预、跑官要官、突击提拔或者调整干部等违反干部选拔任用规定行为，对直接责任者和领导责任者，情节较轻的，给予警告或者严重警告处分；情节较重的，给予撤销党内职务或者留党察看处分；情节严重的，给予开除党籍处分。

用人失察失误造成严重后果的，对直接责任者和领导责任者，依照前款规定处理。

36.
不得在能上能下工作中搞好人主义

★ 核心要义

党的二十大报告指出,要推动干部能上能下、能进能出,形成能者上、优者奖、庸者下、劣者汰的良好局面。推进干部能上能下,是推进全面从严治党、从严管理监督干部的重要举措。好人主义的本质是放弃党性,不讲原则,不论是非,不敢担当,不愿负责。好人主义危害我们的事业,腐蚀党的肌体,历来为我们党所反对。

★ 纪律阐释

克服"好人主义",是推进能上能下工作的关键。当前,好人主义仍不同程度存在。有的干部曲解"和为贵",搞无原则的一团和气,当老好人,对政治原则问题含糊不清,在大是大非面前当"开明绅士",对不良现象听之任之,甩锅推责,明哲保身,说话办事看来头、看风向、随波漂、随风倒,甚至将"八面玲珑、左右逢源"之技当作处世哲学。在好人主义的掩盖下,矛盾会以隐蔽的形式积累,也容易滋生腐败现象。大量事实表明，一些地方和单位正气不彰、邪气蔓延，工作局面长期打不开，同好人主义的盛行密切相关。

在推进领导干部能上能下工作中搞好人主义，会导致"带病提拔"情况发生，甚至滋生特权思想，严重破坏党内政治生态。此外，好人主义秉承"今天我保护你，明天你报答我"的心理，是一种延迟交易的腐败行为，塑造上下级之间的庇护关系，容易在党内形成山头主义、宗派主义。好人主义背离组织纪律要求，破坏党规党纪，违反组织选人用人标准，危害党和国家的事业。因此，在推进领导干部能上能下工作中搞"好人主义"，必须坚决反对、严肃惩处。

2022年9月，中共中央办公厅印发《推进领导干部能上能下规定》指出，严明推进领导干部能上能下工作纪律，不得搞好人主义，不得避重就轻、以党纪政务处分规避组织调整或者以组织调整代替党纪政务处分，不得借机打击报复。这一规定，为推进干部能上能下工作提供了明确的行为准则和纪律保障，彰显了党中央全面从严治党、从严管理干部的决心和力度。

2023年修订的《中国共产党纪律处分条例》增加了第八十五条，专门针对在推进领导干部能上能下工作中，搞好人主义的行为制定了处分条款。依据这一规定，对于在推进领导干部能上能下工作中搞好人主义，且情节较重或严重的情况，将对直接责任者和领导责任者给予相应的纪律处分。该条款以党内基础性法规形式将相关要求固定下来，为推动领导干部能上能下工作发展提供坚实的纪律支撑，促使各级党组织和党员干部切实履行职责，严格执行规定，推动干部能上能下工作落到实处。

纪律自觉养成课

坚决防止和反对推进干部能上能下工作中的好人主义行为，有助于营造风清气正的党内政治生态，形成良好的用人导向，激发干部队伍的积极性和创造力，让那些想干事、能干事、干成事的干部有更多的机会和舞台；有助于增强党的凝聚力和战斗力，提高党的执政能力和领导水平，为实现中华民族伟大复兴的中国梦提供坚强的组织保障。各级党组织和广大党员干部要深刻认识到好人主义的危害，自觉遵守党的纪律和规定，坚决摒弃好人主义思想，以对党和人民高度负责的态度，扎实推进干部能上能下工作，为党和国家的事业发展贡献力量。

★ 条例链接

《中国共产党纪律处分条例》（2023年12月19日中共中央发布）

第八十五条　在推进领导干部能上能下工作中，搞好人主义，有下列行为之一，对直接责任者和领导责任者，情节较重的，给予警告或者严重警告处分；情节严重的，给予撤销党内职务或者留党察看处分：

（一）以党纪政务等处分规避组织调整；

（二）以组织调整代替党纪政务等处分；

（三）其他避重就轻作出处理行为。

组织纪律 ★

37.

不得违规谋取人事利益

★ 核心要义

组织人事工作涉及广大干部、职工切身利益,关系干部、职工队伍的素质和稳定,事关人才评价机制落实。现实中,一些党员干部利用职权或者职务上的影响为本人或者其他人谋取利益,严重破坏社会公平正义,损害党的形象。党规党纪明确规定,凡因弄虚作假、隐瞒实情给党和人民事业造成重大损失的,凡因弄虚作假、隐瞒实情骗取荣誉、地位、奖励或其他利益的,凡因纵容、唆使、暗示或强迫下级弄虚作假、隐瞒实情的,都要依规依纪严肃问责追责。

★ 纪律阐释

违规谋取人事方面利益,是为了满足个人私利,不惜践踏制度红线的行为。他们或是通过不正当手段为自己谋取职务晋升,或是在人员录用、考核评定等环节弄虚作假,为他人谋取特殊利益。这些行为破坏了社会公平竞争的环境,使得那些真正有能力、有才华

纪律自觉养成课

的人失去了应有的机会,也对党的形象造成了极大的损害。中国共产党自成立以来,始终坚持全心全意为人民服务的根本宗旨,违规谋取人事利益的行为与党的宗旨背道而驰,让人民群众对党的干部选拔任用工作产生质疑,降低了党的公信力和权威性。一旦党的形象受损,就会动摇党的执政基础,影响党同人民群众的血肉联系,给党的事业带来不可估量的损失。

党要管党,首先是管好干部;全面从严治党,关键是从严治吏。各级领导干部是党的事业的骨干力量,是党的路线方针政策的具体执行者,只有建设一支忠诚干净担当的高素质干部队伍,才能确保党和国家的各项事业沿着正确的方向前进。可以说从严把好选人用人关,培养选拔党和人民信赖的好干部、好职工,是推进党和国家各项事业健康发展的根本保证。

党规党纪作为党员干部必须遵守的行为准则,对违规谋取人事方面利益等行为有着明确且严格的规定。凡是因弄虚作假、隐瞒实情给党和人民事业造成重大损失的,无论是由于个人失职还是故意为之,都必须依规依纪严肃问责追责。对于那些通过弄虚作假,骗取待遇、资格、荣誉、称号或者其他利益的行为,也不能姑息迁就。荣誉、称号等是对干部工作成绩和贡献的认可,骗取这些人事利益是对组织人事工作制度的公然挑战,严重影响干部队伍的健康发展。

各级党组织和组织人事部门要强化选人用人监督,大力营造风清气正的用人环境和政治生态,为党和国家的事业发展提供坚强的组织保障。

★ 条例链接

《中国共产党纪律处分条例》（2023年12月19日中共中央发布）

第八十六条　在干部、职工的录用、考核、职务职级晋升、职称评聘、荣誉表彰，授予学术称号和征兵、安置退役军人等工作中，隐瞒、歪曲事实真相，或者利用职权或者职务上的影响违反有关规定为本人或者其他人谋取利益的，给予警告或者严重警告处分；情节较重的，给予撤销党内职务或者留党察看处分；情节严重的，给予开除党籍处分。

弄虚作假，骗取职务、职级、职称、待遇、资格、学历、学位、荣誉、称号或者其他利益的，依照前款规定处理。

纪律自觉养成课

38.
不得侵犯党员表决权、选举权和被选举权

★ 核心要义

党内民主是党的生命。党员享有表决权、选举权和被选举权是党的民主集中制的具体体现。侵犯党员上述权利，容易导致党内决策无法反映广大党员的真实意愿，影响党员参与党内生活的积极性，损害党的形象和威信，从而导致党组织的信任危机，削弱党的执政基础。党组织必须尊重党员主体地位，强化管党治党政治责任，将党员权利保障融入新时代党的建设，严格按照党章和其他党内法规保障党员各项权利、完善党员权利保障制度机制。

★ 纪律阐释

表决权、选举权和被选举权是党员所拥有的重要民主权利，它们对于保障党内民主、规范党内政治生活、推进党的事业发展起着至关重要的作用。

表决权，是指党员在党组织讨论重大问题时，依法享有按照个

人意愿进行表决的权利,包括赞成、反对或弃权。这一权利,是党员参与党内决策的重要体现,有助于激发和最大限度地调动全体党员的积极性、主动性和创造性,使党组织的决策更加科学、合理,符合广大党员和人民群众的利益。

选举权,是指党员在选举过程中,有权了解候选人信息,提出更改候选人、选或不选某候选人以及另选他人的建议。参加选举的党员有权了解候选人情况、要求改变候选人、不选任何一个候选人和另选他人。这一权利,保障了党员在党内政治生活中的主体地位,确保了党内选举的公正性和民主性。

被选举权,是指党员经过法定程序,有机会成为候选人并被选举为党组织领导成员的权利。每个正式党员都享有被选举权,这体现了党内人人平等的原则。这一权利,有助于激发党员的积极性和创造性,增强党员对党的认同感和归属感,为党的干部队伍持续注入新鲜血液,增强党的生机与活力。

党章第四条第(五)项明确规定,党员享有表决权、选举权和被选举权。这是党内民主的重要体现,也是党员作为党内主体参与党的事务的基本权利。党的任何一级组织直至中央都无权剥夺党员的上述权利。这一规定为党员在党内行使民主权利提供了坚实的法律依据,确保党员能够平等地参与党内事务,维护自身的合法权益。

《中国共产党党员权利保障条例》第二十九条第二款明确规定,"党的任何组织和任何党员不得以任何方式妨碍党员在党内自主行使选举权和被选举权"。这就要求在党内选举过程中,必须营造一个公平、公正、自由的选举环境,不得设置任何不合理的障碍或限制。

纪律自觉养成课

同时，不得阻挠有选举权和被选举权的人到场，这保证了每一位有权利参与选举的党员都能够实际参与到选举活动中，充分行使自己的权利。另外，不得以任何方式追查选举人的投票意向，这保护了选举人的隐私和自由，使选举人能够毫无顾虑地表达自己的真实意愿，确保选举结果真实反映党员的意志。

保障党员的表决权、选举权和被选举权，对于加强党的建设、提高党的执政能力、巩固党的执政地位具有深远的意义。各级党组织应当切实履行职责，严格执行党章和其他党内法规的规定，加强对选举等党内事务的监督管理，确保党员权利得到切实保障，营造党员积极行使权利的良好氛围。

★ 条例链接

《中国共产党纪律处分条例》（2023年12月19日中共中央发布）

第八十七条　侵犯党员的表决权、选举权和被选举权，情节较重的，给予警告或者严重警告处分；情节严重的，给予撤销党内职务处分。

以强迫、威胁、欺骗、拉拢等手段，妨害党员自主行使表决权、选举权和被选举权的，给予撤销党内职务、留党察看或者开除党籍处分。

39.

不得侵犯党员批评、检举、控告等民主权利

★ 核心要义

党员权利是党章赋予党员参与党内政治生活的基本权利,党的任何一级组织、任何党员都无权剥夺。批评、检举、控告、申辩、辩护、作证、申诉等作为党员享有的权利,必须受到尊重和保护。党组织和党员领导干部要充分尊重和保障党员正常行使党员权利,坚决反对和防止侵犯党员权利的现象发生。

★ 纪律阐释

党章以根本大法的形式,明确了党员享有的基本权利。在切实保障党员的监督权方面,鼓励党员在党内开展批评和自我批评,支持和保护党员同各种违纪违法行为和不正之风作斗争。对于党员的批评、揭发、检举、控告以及提出的有关处分建议,党组织要按照规定及时处理。要提倡署真实姓名检举、控告和反映有关问题。要建立健全保护检举人权益的制度,严格执行保密、回避、责任追究

纪律自觉养成课

和有关工作纪律，为实名监督创造良好环境。对干扰妨碍监督、打击报复监督者的，要依纪严肃处理。在切实保障监督对象的申辩权、申诉权等相关权利方面，党章第四条规定，党员有权向党的上级组织直至中央提出请求、申诉和控告，并要求有关组织给以负责的答复。党组织对党员作出处分决定所依据的事实材料和处分决定必须同本人见面，听取本人说明情况和申辩；处分决定应当写明党员享有的申诉权以及受理申诉的组织等内容，并由受处分党员签署意见；党员对处分决定有不同意见的，可以提出申诉。这些规定为党员权利的行使提供了坚实的制度后盾。

《关于新形势下党内政治生活的若干准则》强调，必须尊重党员主体地位、保障党员民主权利，落实党员知情权、参与权、选举权、监督权，保障全体党员平等享有党章规定的党员权利、履行党章规定的党员义务。任何党组织和党员不得侵害党员民主权利。这一准则对保障党员权利提出了更高要求。尊重党员主体地位，意味着承认党员在党内事务中的主体作用，鼓励党员积极参与党内事务的决策与管理；落实党员的各项权利，特别是监督权，有助于强化党内监督，防止权力滥用，营造风清气正的党内政治生态。

《中国共产党党员权利保障条例》从具体实施层面，对党员权利保障作出规定。其中，第三十五条明确指出，党员实事求是的申辩、作证和辩护，应当受到保护。第四十五条第（四）项对侵犯党员权利的行为进行了严格约束，指出党组织和领导干部对党员批评、揭发、检举、控告、申辩、作证、辩护、申诉等正常行使权利的行为进行追究，或者采取阻挠压制、打击报复等措施妨碍党员正常行使权利，应当依规依纪追究责任。这些规定夯实了党员权利保障的制度基础，让那些企图侵犯党员权利的行为无处遁形。

2023年修订的《中国共产党纪律处分条例》规定了侵犯党员权利应予以处分的情形。第八十八条分为两款，第一款分四项。第（一）项规定的对批评、检举、控告进行阻挠、压制，或者将批评、检举、控告材料私自扣压、销毁，或者故意将其泄露给他人的违纪行为，严重破坏了党内监督的正常秩序，使得党员的监督意见无法正常传递，甚至可能对党员的人身安全和合法权益造成威胁。第（二）项规定的对党员的申辩、辩护、作证等进行压制，造成不良后果的行为，违背了公平公正的原则，剥夺了党员为自己和他人进行合法辩护的机会，可能导致错误的处理结果。第（三）项规定的压制党员申诉，造成不良后果，或者不按照有关规定处理党员申诉的行为，堵塞了党员的救济渠道，使党员在权利受到侵害后无法得到及时的纠正和补偿。第（四）项规定的其他侵犯党员权利，造成不良后果的行为，限制了党员参与党内事务的积极性和主动性，阻碍了党的事业的发展。第八十八条在修订过程中，不仅作了文字修改，还将原来的三款改为现在的两款，将党组织和党员违反该条款的处理统一起来，受处分对象均为直接责任者和领导责任者，这进一步增强了条例的权威性和可操作性，确保对侵犯党员权利行为的惩处更加精准、有力。

从近年来查处的一些案例可以看出，个别党组织和领导干部对党员权利重视不足，存在侵犯党员权利的现象。各级党组织应将保障党员权利作为一项重要政治任务来抓。一方面，要加强对党员权

纪律自觉养成课

利保障方面的党内法规和制度措施的宣传教育，通过开展专题培训、组织学习讨论等方式，让每一位党员都清楚了解自己享有的权利和应履行的义务，增强党员的主体意识；另一方面，要强化监督执纪问责，建立健全党员权利保障的监督机制，对侵犯党员权利的行为进行及时发现、严肃惩处，形成有力震慑。同时，党员自身也要增强责任感和使命感，敢于、善于行使自己的权利，积极参与党内政治生活，为党的建设和发展贡献自己的力量。

★ 条例链接

《中国共产党纪律处分条例》（2023年12月19日中共中央发布）

第八十八条　有下列行为之一的，对直接责任者和领导责任者，给予警告或者严重警告处分；情节较重的，给予撤销党内职务或者留党察看处分；情节严重的，给予开除党籍处分：

（一）对批评、检举、控告进行阻挠、压制，或者将批评、检举、控告材料私自扣压、销毁，或者故意将其泄露给他人；

（二）对党员的申辩、辩护、作证等进行压制，造成不良后果；

（三）压制党员申诉，造成不良后果，或者不按照有关规定处理党员申诉；

（四）其他侵犯党员权利行为，造成不良后果。

对批评人、检举人、控告人、证人及其他人员打击报复的，从重或者加重处分。

40.

不得违规发展党员

★ 核心要义

发展党员,即把申请入党并具备党员条件的先进分子通过一定的组织程序吸收到党内来,是党的建设中一项至关重要的基础性工作。发展党员对于壮大党的队伍,增强党的生机和活力,提高党的战斗力,具有十分重要的意义。发展党员要严格按照党章和《中国共产党发展党员工作细则》等党内法规规定的基本原则、基本条件、必经程序和必备手续进行。

★ 纪律阐释

党员是党的肌体的细胞和党的活动的主体。发展党员工作,是党的建设新的伟大工程的一项基础工程,是党员队伍建设的重要组成部分。发展党员应严格遵循"控制总量、优化结构、提高质量、发挥作用"的总要求。"控制总量"确保党员队伍规模与党的事业发展相适配,避免无序扩张;"优化结构"着眼于调整党员队伍的构成,

纪律自觉养成课

使不同群体、行业、岗位特点的党员均衡发展；"提高质量"强调坚持党员标准，全面提升党员队伍的整体素质；"发挥作用"强调党员要切实履行职责，在各自岗位上发挥先锋模范作用，为党和人民的事业贡献力量。

党章第五条第一款明确规定，发展党员，必须把政治标准放在首位，经过党的支部，坚持个别吸收的原则。《中国共产党发展党员工作细则》进一步细化和规范了发展党员的条件和程序，为党组织提供了更为明确、具体的操作指南。规定党组织必须对发展对象进行政治审查。政治审查的主要内容包括：对党的理论和路线、方针、政策的态度，反映了发展对象是否真正认同党的指导思想，能否在思想上政治上行动上同党中央保持高度一致；政治历史和在重大政治斗争中的表现，有助于全面了解发展对象的政治经历和关键时刻的政治立场；遵纪守法和遵守社会公德情况，体现了发展对象的基本道德素养和法治观念；直系亲属和与本人关系密切的主要社会关系的政治情况，从侧面为判断发展对象的政治环境和潜在影响提供参考。

现实中，还存在一些违反规定和程序发展党员的行为，这些行为犹如毒瘤，危害党的肌体健康，严重破坏党的先进性和纯洁性。比如，有的党组织在发展党员时，未严格进行政治审查，致使一些政治立场不坚定、思想品德有问题的人混入党内；有的违背个别吸收原则，搞批量发展、突击发展，导致党员质量参差不齐。这些行为给党的自身建设带来严重隐患，侵蚀党的凝聚力和战斗力，损害党的形象和声誉。

组织纪律 ★

为了维护党的先进性和纯洁性,对违反规定和程序发展党员的行为,必须严肃处理,给予相应的纪律处分。这不仅是对违规行为的惩戒,更是对党的纪律的维护和对党员队伍质量的保障。各级党组织应切实履行主体责任,加强对发展党员工作的领导和监督,建立健全监督机制,严格把控发展党员的各个环节。同时,加强对党务工作者的培训,提高他们的业务能力和责任意识,确保发展党员工作规范、有序进行。

★ 条例链接

《中国共产党纪律处分条例》(2023年12月19日中共中央发布)

第八十九条　违反党章和其他党内法规的规定,采取弄虚作假或者其他手段把不符合党员条件的人发展为党员,或者为非党员出具党员身份证明的,对直接责任者和领导责任者,给予警告或者严重警告处分;情节严重的,给予撤销党内职务处分。

违反有关规定程序发展党员的,对直接责任者和领导责任者,依照前款规定处理。

纪律自觉养成课

41.

不得违规取得外国国籍

★ 核心要义

党员违规取得外国国籍，是对党组织不忠诚不老实的表现，是对党的背叛，损害党和国家利益。有些党员因工作性质可能接触到大量党和国家机密信息，违规取得外国国籍易引发利益冲突，甚至可能在外部势力诱惑下，造成国家机密泄露等重大风险，给党和国家带来不可挽回的损失。党员干部应时刻牢记自己的政治身份，坚定政治立场，坚决杜绝此类行为，以实际行动维护党和国家尊严，守护党和人民的利益。

★ 纪律阐释

随着国际交流的日益频繁，有的党员干部在出国（境）方面暴露出一些不容忽视的问题。有的违反规定加入外国国籍，通过改变身份来谋取私利，忘了自己身为党员肩负的使命与责任，严重损害了党在人民群众心中的形象。有的违规获取国（境）外永久居留资格。这些行为不仅违反组织纪律，也反映出他们思想上的滑坡和对纪律的漠视，极易引发群众的不满和焦虑，破坏社会的和谐稳定，侵蚀人民群众对党的信任根基，严重损害党和国家的形象与声誉。

《中国共产党纪律处分条例》第九十条规定，违反有关规定取得外国国籍或者获取国（境）外永久居留资格、长期居留许可的，给予党纪重处分。这里的"有关规定"，主要是指《关于进一步加强党员干部出国（境）管理的通知》等规定。根据有关规定，党员领导干部要在辞去现职或者办理离（退）休手续，并经过规定的年限后，才能提出申请移居国（境）外。

各级党组织要切实履行主体责任，加强对党员干部的日常教育管理和监督检查。一方面，通过开展常态化的纪律教育活动，引导党员干部增强纪律意识、规矩意识，深刻认识到出国（境）管理规定的重要性，自觉抵制各种违规行为的诱惑；另一方面，建立健全严格的监督机制，加强对党员干部出国（境）审批、证件管理等环节的把控，做到事前严格审核、事中全程监管、事后及时核查，确保党员干部在出国（境）过程中的行为合规合法。纪检监察机关要充分发挥监督执纪问责的职能作用，加大对党员干部出国（境）违规行为的查处力度。对发现的违规问题，要深挖细查，严肃追究相关人员的责任，不仅要追究直接责任人的责任，还要对相关领导干部进行问责，形成强大的震慑效应，让纪律真正成为带电的高压线。

党员干部作为党和国家事业的中坚力量，必须时刻牢记自己的身份和使命，自觉遵守党的组织纪律和国家法律法规。在出国（境）问题上，要保持清醒的头脑，坚决杜绝任何违规行为。

★ 条例链接

《中国共产党纪律处分条例》（2023年12月19日中共中央发布）

第九十条　违反有关规定取得外国国籍或者获取国（境）外永久居留资格、长期居留许可的，给予撤销党内职务、留党察看或者开除党籍处分。

42.
不得违规办理因私出国（境）证件

★ 核心要义

出国护照、出境证件是公民在国（境）外的身份凭证，对党员干部而言，这些证件不仅是个人身份的证明，更与党和国家的形象、利益紧密相连。办理因私出国（境）证件，必须按照有关规定严格管理使用。这是维护党纪国法严肃性、确保党员干部队伍忠诚干净、清正廉洁的必然要求。

★ 纪律阐释

《关于加强国家工作人员因私事出国（境）管理的暂行规定》为党员干部出国（境）证照管理提供了明确的政策依据和操作指南。该规定第二条明确指出，国家工作人员因私事出国（境），应按照组织、人事管理权限履行审批手续。第九条强调，各级组织、人事部门应对本单位已申领出入境证件的国家工作人员严格执行有关管理规定，实行因私事出国（境）报告登记制度，要求出国（境）人员

纪律自觉养成课

在境外遵守外事纪律,未经批准不得逾期滞留。这既是对党员干部在境外行为的规范,也是保障国家形象和利益的重要举措。此外,该规定还明确登记备案人员已申领的出入境证件,由所在单位组织、人事部门集中保管,进一步强化了对证件的管控力度。

《关于进一步加强党员干部出国(境)管理的通知》对出国(境)证件的具体管理作出细致且严格的要求。因公出国(境)的党员干部,应在回国(境)后15天内,将所持因公出国(境)证件交由发证机关指定的部门统一保管或注销。这一规定旨在确保证件的及时回收和有效管理,防止证件被滥用或遗失。对拒不执行规定的,吊销其所持证件。党员干部申领因私护照或往来港澳通行证后,以及每次因私出国(境)前,要向所在单位组织人事部门报告并登记;各单位的领导干部,要按照干部管理权限向上一级组织人事部门报告并登记。这一报告登记制度,能够使组织及时掌握党员干部因私出国(境)的动态,便于进行监督和管理,及时发现潜在的问题。因私出国(境)的国家机关登记备案人员,应在回国(境)后10天内,将所持因私出国(境)证件交由所在单位组织人事部门集中保管。通过集中保管,可以有效避免因私出国(境)证件的不当使用,降低违规风险。各单位要建立出国(境)证照专人负责制和护照使用登记保管制度。专人负责能够保证管理工作的专业性和连续性,而详细的登记保管制度则为管理工作提供了明确的操作流程和记录依据,使管理工作有据可依、有迹可循。党员干部办理外国长期居留证、前往港澳通行证、香港和澳门永久性居民身份证,县(处)级以上党员干部的配偶出国定居或办理上述证件的,要严格执行中办发〔1999〕23号文件的有关规定。这一规定针对特定情况进行了专门约束，体现了对党员干部及其家属相关行为的严格管理，防止出现损害党和国家利益的行为。

近年来，一些地方通过加强信息化建设，建立出国（境）证照管理信息系统，实现了对证照的信息化、动态化管理，提高了管理效率和精准度。同时，加强对违规行为的查处力度，对违反出国（境）证照管理规定的党员干部，依法依规严肃处理，形成了有效的震慑。

强化党员干部出国（境）证照管理，是一项长期而艰巨的任务。各级党组织和相关部门要切实履行职责，加强宣传教育，提高党员干部对证照管理重要性的认识；严格执行各项规定，加强监督检查，确保管理工作落到实处；加大对违规行为的惩处力度，维护纪律规矩的严肃性。党员干部自身也要增强纪律意识和规矩意识，自觉遵守出国（境）证照管理规定，以实际行动维护党和国家的形象与利益。

★ 条例链接

《中国共产党纪律处分条例》（2023年12月19日中共中央发布）

第九十一条　违反有关规定办理因私出国（境）证件、前往港澳通行证，或者未经批准出入国（边）境，情节较轻的，给予警告或者严重警告处分；情节较重的，给予撤销党内职务或者留党察看处分；情节严重的，给予开除党籍处分。

纪律自觉养成课

虽经批准因私出国（境）但存在擅自变更路线、无正当理由超期未归等超出批准范围出国（境）行为，情节较重的，给予警告或者严重警告处分；情节严重的，给予撤销党内职务处分。

廉洁纪律

43.

严禁任何滥用职权、谋求私利行为

★ 核心要义

一些党员干部无视党纪国法,将权力当作谋取私利的工具。这种行为不仅破坏社会公平正义,更扰乱公共资源合理分配的正常秩序。党员干部必须时刻牢记肩负的使命,以高度的自律严守权力边界,始终秉持奉公之心,审慎且正确地行使权力,全心全意为人民服务。在实际工作与生活中,要时刻保持警惕,坚决抵制任何形式的滥用职权与谋求私利行为,从根源上筑牢拒腐防变防线,不负人民所托。

★ 纪律阐释

现实生活中,一些党员干部存在这样的认识误区:近亲属和其他特定关系人帮他人办事,只要自己不收受财物且不知情,就不会违反纪律。而事实上,党员干部只要利用职权或职务上的影响为他人谋取了利益,本人的配偶、子女及其配偶等亲属和其他特定关系

纪律自觉养成课

人收受了对方财物，即使党员干部自己没有收受财物，也不知道上述人员收受财物，同样违反党的廉洁纪律。

依据《中国共产党纪律处分条例》第九十四条，利用职权或者职务上的影响为他人谋取利益，本人的配偶、子女及其配偶等亲属和其他特定关系人收受对方财物，依情节轻重要受到纪律处分。值得注意的有两点：一是"特定关系人"主要是指与党员干部本人有近亲属、情妇（夫）以及其他共同利益关系的人；二是此条以党员干部不知道其亲属和其他特定关系人收受财物为前提，如果党员干部利用职权或者职务上的影响为他人谋利，且对其亲属和其他特定关系人收受对方财物行为知情，就构成了受贿罪。

党员干部一方面要妥善处理与身边人之间的关系，恋亲不为亲徇私，念旧不为旧谋利，济亲不为亲撑腰；另一方面不要心存侥幸、钻制度的空子，用"办事者不收钱，收钱者不办事"的方法，默许、指使、纵容、暗示身边人腐败。党的纪律决不允许党员干部有特权思想和特权现象，决不允许利用职权为所欲为，也决不允许身边人利用党员干部职权谋取私利。权力是人民赋予的，严以用权，就要严格按规矩办事，并加强对身边人的严格教育、严格管理，任何时候都不能公权私用、以权谋私。

中国共产党从诞生之日起，就把为中国人民谋幸福、为中华民族谋复兴确立为自己的初心使命。中国共产党始终代表最广大人民根本利益，生死相依，没有任何自己特殊的利益，从来不代表任何利益集团、任何权势团体、任何特权阶层的利益，所以必须反对特权思想和特权现象。

★ 条例链接

《中国共产党纪律处分条例》（2023年12月19日中共中央发布）

第九十四条 党员干部必须正确行使人民赋予的权力，清正廉洁，反对特权思想和特权现象，反对任何滥用职权、谋求私利的行为。

利用职权或者职务上的影响为他人谋取利益，本人的配偶、子女及其配偶等亲属和其他特定关系人收受对方财物，情节较重的，给予警告或者严重警告处分；情节严重的，给予撤销党内职务、留党察看或者开除党籍处分。

44.
不得纵容、默许身边人借势谋利

★ 核心要义

党员干部能否做到廉洁自律,其对亲属及身边工作人员的态度就是试金石。党员干部本人或者亲属、身边工作人员和其他特定关系人非法谋取利益主要表现在以下几个方面:(1)亲属和其他特定关系人利用本人职权或者职务上的影响力收受他人财物;(2)围绕亲属、身边工作人员和其他特定关系人搞权权交易;(3)纵容、默许亲属、身边工作人员和其他特定关系人利用本人职权或者职务上的影响谋取私利;(4)利用本人职权之便帮助亲属和其他特定关系人经商办企业谋利;(5)不纠正亲属违规从业;(6)对亲属失管失教。

★ 纪律阐释

党员干部身边人拥有正常生活诉求,追求学习进步、投身工作岗位、开展生产经营,党的纪律也从未对其正当谋利设限。然而,必须明确的是,党员干部亲属等群体务必严守从业禁止相关规定,坚决杜绝利用党员干部本人职权或者职务上的影响谋取不当利益。

党员干部作为公权力的行使者，身负党和人民赋予的重任，必须时刻保持清醒。不仅要以身作则，坚决摒弃主动为子女、配偶等身边人谋取私利的错误行径，更要切实承担起监督管理身边人的重大责任。既不能"纵容"，也不能"默许"。"纵容"体现为对亲属、身边工作人员和其他特定关系人利用本人职权或者职务上的影响谋私行为的漠视与不作为，任由其肆意妄为；"默许"则更为隐蔽，党员干部虽未明确表态许可，但在知晓相关不当行为后，以暗示等方式传达许可之意，这种行为同样严重违反党纪。

习近平总书记强调，领导干部要把家风建设摆在重要位置，廉洁修身、廉洁齐家。这为党员干部敲响了警钟，家风不仅关乎个人家庭幸福，更影响着党和政府在群众心中的形象。党员干部要按照新时代廉洁文化建设要求，以更高标准、更严纪律约束自己及身边人。对亲属和身边工作人员，要常念"紧箍咒"，严格开展教育引导，强化日常管理监督。一旦察觉问题苗头，必须及时提醒纠正，防微杜渐，避免小错酿成大患，以清正廉洁的家风涵养风清气正的政治生态，不负党和人民的殷切期望。

★ 条例链接

《中国共产党纪律处分条例》(2023 年 12 月 19 日中共中央发布)

第九十六条 纵容、默许配偶、子女及其配偶等亲属、身边工作人员和其他特定关系人利用党员干部本人职权或者职务上的影响谋取私利，情节较轻的，给予警告或者严重警告处分；情节较重的，给予撤销党内职务或者留党察看处分；情节严重的，给予开除党籍处分。

　　党员干部的配偶、子女及其配偶等亲属和其他特定关系人不实际工作而获取薪酬或者虽实际工作但领取明显超出同职级标准薪酬，党员干部知情未予纠正的，依照前款规定处理。

45.
特定关系人不可挂名领薪

★ 核心要义

党员干部肩负着党和人民赋予的重任,在严于律己的同时务必严格要求亲属等特定关系人,引导他们凭借自身能力与正当劳动获取报酬。在日常工作与生活中,应时刻关注亲属的就业情况,对任何可能存在的违规行为保持高度警惕,坚决杜绝"不实际工作,挂名拿工资"现象的发生,全力维护社会公平正义和党纪国法尊严。

★ 纪律阐释

挂名领薪,是通过国家工作人员职务上的便利为特定关系人谋取利益,要求或者接受请托人以给特定关系人安排工作为名,使特定关系人不实际工作却获取所谓薪酬的,以受贿罪论处。

有的党员干部的配偶、子女及其配偶等亲属、身边工作人员和其他特定关系人,出现了不实际工作却在企事业单位挂名领薪,或是实际参与工作但领取的薪酬明显高于正常薪资收入的情况。这些

纪律自觉养成课

党员干部认为自己坚守了廉洁底线,亲属因自身关系"占点小便宜"无伤大雅,对这些明显违背公平公正与职业操守的行为,不仅未加以制止,反而听之任之。

此类情况一旦被查实,党员干部作为知情者,即便本人未直接参与利益输送,也难辞其咎。这种行为本质上是权钱交易,严重违反党的廉洁纪律。党的二十大报告强调,坚决整治群众身边的不正之风和腐败问题。中央纪委国家监委持续加大监督执纪问责力度,致力于净化政治生态,任何企图钻制度空子、损害公共利益的行为都将无处遁形。

如果党员干部利用职务之便为请托人谋利,并要求或暗示请托人给亲属和其他特定关系人"安排工作",使其不实际工作却领取薪酬,根据《中华人民共和国刑法》以及相关司法解释,此类行为构成受贿罪。

权力是党和人民赋予的责任,绝非为家人谋取私利的工具。亲属违规领薪看似是小事,实则可能是掩盖犯罪行为的幌子。党员干部务必时刻保持清醒头脑,严格约束自己与亲属,严守廉洁纪律红线,维护好党和政府在人民群众心中的良好形象。

★ 条例链接

《中国共产党纪律处分条例》(2023年12月19日中共中央发布)

第九十六条 纵容、默许配偶、子女及其配偶等亲属、身边工作人员和其他特定关系人利用党员干部本人职权或者职务上的影响谋取私利，情节较轻的，给予警告或者严重警告处分；情节较重的，给予撤销党内职务或者留党察看处分；情节严重的，给予开除党籍处分。

　　党员干部的配偶、子女及其配偶等亲属和其他特定关系人不实际工作而获取薪酬或者虽实际工作但领取明显超出同职级标准薪酬，党员干部知情未予纠正的，依照前款规定处理。

46.
不得收受可能影响公正执行公务的财物

★ 核心要义

收受可能影响公正执行公务的财物行为，是指党和国家机关、国有企业、事业单位、人民团体、基层群众性自治组织中从事公务活动的党员收受管理服务对象财物或者收受明显超出正常礼尚往来的财物行为。党员干部要清醒认识到礼尚往来行为的底线，不得接受可能影响公正执行公务的财物。

★ 纪律阐释

党中央三令五申禁止党员干部违规收礼，特别是收受那些可能影响公正执行公务的礼品、礼金、消费卡（券）和有价证券、股权、其他金融产品等财物。此类行为严重损害党在人民群众心中的光辉形象，违规收礼问题若不及时遏制，任其发展，极有可能从最初的小恩小惠逐步演变为权钱交易的受贿行为。

如果行为人主观判断管理服务对象所赠送的礼品、礼金不会对公正执行公务造成影响，是否可以收受呢？答案是否定的。因为对于是否"可能影响公正执行公务"这一关键判定，并非由行为人自行主观臆断，而是需依据客观实际情况进行认定。这里的"可能"，具备极强的预防性特质，只要存在影响公正执行公务的可能性，就应当坚决予以禁止，而不能等到已经产生了影响公正执行公务的严重后果后才去处理。否则，损害的不仅是党员干部自身的政治生涯，更是党和政府的公信力与形象。

"可能影响公正执行公务"主要指与执行公务存在紧密关联、与公正执行公务相冲突的情形。既包括管理和服务对象所赠，也包括主管范围内的下属单位和个人所赠，还包括工作业务范围内外商、私营企业主所赠，以及其他与行使本人职权相关的单位和个人所赠。例如，下级向上级、工作对象向主管部门工作人员、办理公务过程中向工作人员，向领导干部家属赠送等。需要强调的是，根据实际情况严格认定，只要存在影响公正执行公务的可能性，就绝不被允许，一旦发生，即构成违纪行为。近年来，诸多典型案例为我们敲响了警钟。如某地一名基层干部在负责项目审批期间，收受了项目申报企业赠送的电子消费券，尽管该干部自认为不会影响其审批决策，但经党组织调查核实，其行为已对公正执行公务产生了潜在影响，其最终受到了相应的党纪处分。

2023年修订的《中国共产党纪律处分条例》第九十七条将"消费卡"改为"消费卡（券）"，虽仅增加一字，却蕴含着极为深刻的内涵。当下，随着科学技术迅猛发展，各类消费卡（券）花样翻新、层出不穷。尤其是借助电子科技手段，一些违法违纪行为愈发具有

纪律自觉养成课

隐蔽性，给监督执纪工作带来了前所未有的挑战。面对这些新情况、新问题，条例修订坚持靶向施治的精准策略，直指问题的核心症结，作出具体精准的规定、规范严谨的内容表述，充分彰显了我们党与时俱进完善党内法规制度，坚定不移推进全面从严治党、持之以恒坚持自我革命的坚定决心与坚强意志。

党员干部务必以高度的政治自觉增强纪律意识、严明纪律规矩，深刻认识到违规收礼问题的严重性与危害性。在日常工作与生活中，务必坚守廉洁底线，对各类可能影响公正执行公务的财物馈赠坚决说"不"，以实际行动维护党的纯洁性与先进性，切实巩固党群、干群之间的紧密联系，为党和国家事业的蓬勃发展贡献自己的力量。

★ 条例链接

《中国共产党纪律处分条例》（2023年12月19日中共中央发布）

第九十七条 收受可能影响公正执行公务的礼品、礼金、消费卡（券）和有价证券、股权、其他金融产品等财物，情节较轻的，给予警告或者严重警告处分；情节较重的，给予撤销党内职务或者留党察看处分；情节严重的，给予开除党籍处分。

收受其他明显超出正常礼尚往来的财物的，依照前款规定处理。

廉洁纪律 ★

47.

不得收受明显超出正常礼尚往来的财物

★ 核心要义

明显超出正常礼尚往来，是指明显超出当地正常经济水平、风俗习惯、个人经济能力以及一般的、正常的礼节性的有来有往。礼尚往来属于正常的人际交往，但对于掌握一定权力的党员干部来讲，应当有更严格的要求。其在日常生活中收受他人赠送的礼品、礼金等，如果"明显超出正常礼尚往来"，也存在廉洁风险，同样违反廉洁纪律。

★ 纪律阐释

收受明显超出正常礼尚往来财物，即便不影响公正执行公务，同样属于严重违反党的廉洁纪律的行为。在现实生活中，因收受明显超出正常礼尚往来财物而受到党纪处分的案例屡见不鲜。例如，某基层党员干部在操办婚丧事宜时，收受多名下属及管理服务对象赠送的数千元礼金，远超当地正常水平。经党组织调查核实，该干部行为严重违反廉洁纪律，受到党内警告处分，并被责令退还违规

纪律自觉养成课

收受的礼金。再如,某单位一名领导干部在节日期间,收受业务关联企业赠送的名烟名酒、高档电子产品等贵重财物,这种行为明显超出正常礼尚往来的标准,也受到了严肃处理。

需要说明的是,党纪并非完全禁止人情往来。我国作为礼仪之邦,礼尚往来的习俗源远流长,在合理范围内的人情往来,有助于增进亲情、友情,促进社会和谐。但党员干部必须时刻保持清醒,做到交往有度、交往有节,坚守君子之交的原则,真正践行"心不动于微利之诱,目不眩于五色之惑"。坚决不能让本应纯洁的礼尚往来,在利益诱惑下沦为充满功利色彩的礼尚往来。

"明显超出"的判定,需紧密结合当地实际状况。不同地区经济发展程度、文化习俗差异巨大,不能一概而论。党员干部要具备高度的自我警醒意识,在面对各类人情往来时,心中要有清晰的"度"。一方面,要深入了解、尊重当地风土人情,不逾越正常礼节界限;另一方面,时刻牢记自己的党员身份,将廉洁自律作为行为准则,自觉抵制超出合理范畴的财物馈赠。各级党组织也应持续加强廉政教育,通过典型案例剖析、廉政文化建设等方式,引导党员干部树立正确的价值观,筑牢拒腐防变的思想防线,维护党的先进性和纯洁性,营造风清气正的政治生态。

★ 条例链接

《中国共产党纪律处分条例》(2023年12月19日中共中央发布)
第九十七条 收受可能影响公正执行公务的礼品、礼金、消费卡（券）和有价证券、股权、其他金融产品等财物，情节较轻的，给予警告或者严重警告处分；情节较重的，给予撤销党内职务或者留党察看处分；情节严重的，给予开除党籍处分。

收受其他明显超出正常礼尚往来的财物的，依照前款规定处理。

48.

不得赠送明显超出正常礼尚往来的财物

★ 核心要义

赠送远超正常礼尚往来标准的财物，背后大概率潜藏着不正当目的。党员干部必须深刻认识到其危害，牢固树立正确的人际交往观念，在日常交往中要始终秉持真诚之心，坚守正直品格。向从事公务的人员及其配偶、子女及其配偶等亲属和其他特定关系人赠送明显超出正常礼尚往来的礼品、礼金、消费卡（券）和有价证券、股权、其他金融产品等财物，即构成违纪，不以谋取利益为必要条件。

★ 纪律阐释

"没有'送'就没有'收'"深刻揭示了贪腐链条的起始环节。一些人向党员干部、公职人员赠送礼品、礼金、消费卡（券）和有价证券、股权、其他金融产品等财物，绝非出于单纯的人情往来。其背后往往隐藏着明确的利益诉求，或是期望在项目审批、资源分配、人事任免等关键事务中获得特殊关照，或是为日后可能涉及的业务合作、政策扶持等提前布局。即便并非即刻要求回报，也无疑是在为满足未来某种潜在需求而"预埋伏笔"，这种行为本质上存在极大影响公正执行公务的可能性，严重侵蚀了党员干部履职的公正性与廉洁性根基。

《中国共产党纪律处分条例》以及相关法律法规规定，向从事公务的人员及其配偶、子女及其配偶等亲属和其他特定关系人，赠送明显超出正常礼尚往来的"礼品、礼金、消费卡（券）和有价证券、股权、其他金融产品等财物"的行为是否构成违纪的判定，不以谋取实际利益为必要条件。这意味着，只要实施了送礼行为，且所送财物超出当地正常经济水平、风俗习惯以及一般礼节范畴，就可以视为触犯纪律红线。

对于党员而言，若出现上述行为，将根据情节轻重受到不同程度的处理。对于情节较重和情节严重的，将给予相应的党纪处分，包括警告、严重警告、撤销党内职务、留党察看直至开除党籍等，以此彰显党纪的严肃性与权威性。对于情节较轻的，党组织通过批评教育、诫勉谈话或者组织处理等方式，及时纠正其错误行为，防微杜渐，促使党员干部深刻认识错误，回归廉洁奉公的正轨。这一系列举措充分体现了党中央坚定不移全面从严治党、坚决打赢反腐败斗争攻坚战持久战的鲜明态度。要从源头上遏制腐败现象滋生，营造风清气正的政治生态和社会环境，确保党员干部能够公正用权、廉洁从政，切实维护党和人民的根本利益。广大党员干部务必时刻保持警醒，坚决抵制任何形式的不正当送礼行为，同时也要教育引

纪律自觉养成课

导亲属和特定关系人严守纪律底线，共同筑牢廉洁防线。

★ 条例链接

《中国共产党纪律处分条例》（2023年12月19日中共中央发布）

第九十八条　向从事公务的人员及其配偶、子女及其配偶等亲属和其他特定关系人赠送明显超出正常礼尚往来的礼品、礼金、消费卡（券）和有价证券、股权、其他金融产品等财物，情节较重的，给予警告或者严重警告处分；情节严重的，给予撤销党内职务或者留党察看处分。

以讲课费、课题费、咨询费等名义变相送礼的，依照前款规定处理。

49.

不得违规借款、借物、借贷

★ 核心要义

违规借款、借物、借贷,不仅严重破坏公平公正原则,导致公共资源分配失衡,还损害公共利益,对党员干部公正履行职责造成影响。党员干部作为党和国家事业的中坚力量,必须时刻保持警醒,严格遵守纪律规定。从日常生活中向他人借款借物到与工作相关的物资借用,都要确保合规合法,坚决杜绝违规借款、借物、借贷行为。

★ 纪律阐释

违规借用管理和服务对象的钱款、住房、车辆,以及通过民间借贷等金融活动获取大额回报等问题,已然成为侵蚀党员干部廉洁根基、破坏政治生态的严重隐患,其负面影响极为恶劣。这些行为直接侵害了党员干部职务行为的廉洁性,容易导致权力滥用,引发权钱交易。

纪律自觉养成课

现实中,一些党员干部对此类问题认识不足,甚至心存侥幸,打着"借用"的幌子肆意妄为。有的违规借用下属单位或企业、管理和服务对象的钱款,将公权力当作谋取个人资金周转便利的工具;有的心安理得地借用住房,不顾这一行为背后隐藏的利益输送风险;还有的长期或经常性借用车辆,为自己的出行提供"特殊待遇"。更有甚者,利用民间借贷的形式,以远高于市场正常利率的方式大肆获取利益,实质是变相受贿,却还错误地认为这些不过是小事一桩,不属于违纪范畴。

《中国共产党纪律处分条例》将"影响公正执行公务"精准调整为"可能影响公正执行公务"。这一细微改变,意味着只要存在影响公正执行公务的可能性,无论这种可能性看似多么微小,此类行为都是坚决不被允许的。一旦达到情节较重及以上的,必须给予党纪处分,让纪律的"高压线"真正带电。

世上从没有无缘无故的示好,违规借款、借物、借贷行为的背后,本质上是公权力的异化和滥用。即便借用者有归还的意图,不想将所借财物占为己有,也无法改变其违反党的廉洁纪律的事实。因为只要借用管理和服务对象财物,就存在影响公正执行公务的可能性。党员干部必须深刻认识到这一点,时刻保持政治清醒,严守廉洁纪律底线,坚决杜绝任何形式的违规借款、借物、借贷行为,以实际行动维护公职队伍的清正廉洁,不负党和人民的信任与重托。

条例链接

《中国共产党纪律处分条例》（2023年12月19日中共中央发布）

第九十九条　借用管理和服务对象的钱款、住房、车辆等，可能影响公正执行公务，情节较重的，给予警告或者严重警告处分；情节严重的，给予撤销党内职务、留党察看或者开除党籍处分。

通过民间借贷等金融活动获取大额回报，可能影响公正执行公务的，依照前款规定处理。

纪律自觉养成课

50.
不得违规操办婚丧喜庆事宜

★ 核心要义

违规操办婚丧喜庆事宜，像大操大办，场面奢华，邀请大量宾客，远超正常规模，或是借操办婚丧喜庆事宜之机，收受高额礼金、贵重礼品，借机敛取钱财，这些行为背离了中华民族勤俭节约的传统美德，不仅严重违反廉洁纪律，在党纪条规中明令禁止，还极易在社会上引发不良风气，形成错误示范，让奢靡之风、贪腐思想蔓延。党员干部在操办婚丧喜庆事宜时，要秉持尚俭戒奢，从简操办，坚决自觉抵制铺张浪费，杜绝借机谋私的不当行为。

★ 纪律阐释

操办婚丧喜庆事宜属于正常的习俗，但对于党员干部而言，这绝非普通的个人家事，而是关乎廉洁形象、党群干群关系乃至社会风气的重要事项。党员干部手中的权力是党和人民赋予的，必须用于为人民谋福祉，在操办婚丧喜庆事宜时，严禁利用职权或职务上的影响，将公权力异化为个人谋取私利、铺张炫耀的工具。

近年来，各地区各部门以及各单位积极响应党中央号召，紧密结合当地民风民俗与实际情况，制定并完善了一系列报告备案等制度规定。这些规定细致入微，对党员干部操办婚丧喜庆事宜中的邀请人员范围、设宴人数、收受礼金数额等关键环节作出明确且具体的要求，从源头上规范了党员干部的行为，有力推动了作风建设不断走深走实。这一系列举措充分彰显了对党员干部从严要求的坚定决心，每一位党员干部都应将这些纪律和规矩铭记于心，严格遵守，绝不可心存侥幸、肆意违反。

然而，仍有部分党员干部未能坚守纪律底线：有的在操办婚丧喜庆事宜时，未按规定进行报告备案，或是虽有备案却故意不如实申报关键信息；有的妄图通过化整为零、分批次分地点设宴，采用只收礼不设账台不办酒席，甚至变换主体操办等隐蔽手段来规避组织监督。这些行为均属于违规操办婚丧喜庆事宜，且因其具有隐形变异的特征，性质更为恶劣。他们错误地认为这些"小聪明"能够蒙混过关，却不知这种行径一旦被查实，必将受到比普通违规行为更为严肃的处理。例如，某地一名党员干部在为儿子操办婚礼时，表面上仅在一家酒店举办一场小型婚宴并按规定报备，但私下却在其他酒店分批次宴请亲友，大肆收受礼金。经群众举报后，党组织迅速介入调查，该干部最终受到党内严重警告处分，违规收受的礼金也被全部收缴。

更为严重的是，如果有党员干部在面对组织审查调查时，采用伪造、提供虚假礼金账簿等方式对抗组织，这种行为不仅违反关于

纪律自觉养成课

操办婚丧喜庆事宜的纪律规定，更严重违反党的政治纪律，将依照《中国共产党纪律处分条例》第六十三条的相关规定严肃处理。这清晰地表明，任何试图挑战组织权威、破坏纪律规矩的行为，都将付出惨痛的代价。

当然，在实际生活中也存在一些特殊情况，例如，因不可预知因素，宾客人数临时增加、场地临时调整等，致使设宴桌数、宴请人数等超出报告备案内容。在这种情况下，若党员干部能在事后及时向组织作出补充报告，且不存在利用职权或者职务上的影响违规收受礼品礼金、在社会上造成不良影响等情形，党组织可视情节轻重，对其给予谈话提醒或批评教育，帮助党员干部认识错误、及时改正。

此外，党员干部为孩子过生日、给父母祝寿摆酒席等日常庆祝活动，若未利用职权或者职务上的影响，仅是基于亲情友情的正常聚会，通常不宜认定为违纪。但如果场面过于宏大，出现大操大办、讲排场、比阔气、招摇过市、拼奢华、铺张浪费等现象，在群众中造成不良影响，可适用违反生活纪律的相关条款进行处理。2023年修订的《中国共产党纪律处分条例》第一百条将"在社会上造成不良影响的"精准调整为"造成不良影响的"，这一细微变化进一步扩大了纪律约束的范围，对党员干部的行为规范提出了更高要求，体现了党纪的与时俱进和对党员干部全方位、深层次的监督管理。

党员干部务必时刻保持高度的政治自觉和纪律意识，严格自我约束，以身作则，以实际行动维护党的纪律规矩的严肃性，树立党员干部清正廉洁的良好形象，为营造风清气正的社会环境贡献力量。

★ 条例链接

《中国共产党纪律处分条例》（2023年12月19日中共中央发布）

第一百条 利用职权或者职务上的影响操办婚丧喜庆事宜，造成不良影响的，给予警告或者严重警告处分；情节严重的，给予撤销党内职务处分；借机敛财或者有其他侵犯国家、集体和人民利益行为的，从重或者加重处分，直至开除党籍。

纪律自觉养成课

51.

不得接受、提供可能影响公正执行公务的活动安排

★ 核心要义

接受、提供可能影响公正执行公务的活动安排，破坏职务行为的公正性与廉洁性，败坏党风政风和社会风气，损害党和政府的形象。党员干部务必时刻保持清醒的政治头脑，将行为红线铭记于心，坚决果断地拒绝可能影响公正执行公务的活动，始终以公正无私、廉洁奉公的态度履职尽责。

★ 纪律阐释

党员干部与管理服务对象存在工作隶属关系业务合作关联，无论是出于何种缘由发出的宴请，还是精心安排的旅游、健身、娱乐等活动，都极有可能干扰其公正执行公务，与正常履职产生冲突。

这种影响公正执行公务的"可能"，不由接受安排者主观认定，而是由党组织依据客观事实，如双方业务往来的紧密程度、活动安

排的时机与目的、社会舆论影响等多方面因素，进行分析判断。例如，某工作人员在负责审批下级单位重要项目期间，接受了该单位组织的旅游活动。即便该工作人员坚称旅游活动并未影响其后续审批决策，但党组织经深入调查，综合考虑项目审批的关键节点、旅游活动的高规格以及可能引发的外界质疑等因素，认定此次接受活动安排的行为极有可能影响公正执行公务，最终依规对该工作人员进行了严肃处理。

无论是接受可能影响公正执行公务的宴请、旅游、健身、娱乐等活动，还是为他人提供活动安排，均被明确界定为违反党的廉洁纪律的行为。近年来，党中央深入推进党风廉政建设，进一步严明廉洁纪律。广大党员必须时刻牢记，无论活动的规格高低，无论活动费用是否出自公款，只要是可能影响公正执行公务的活动安排，就一概不能接受。

只有全体党员干部时刻保持警醒、坚守廉洁底线，才能营造风清气正的政治生态，切实维护党和政府在人民群众心中的良好形象，确保党和国家事业的蓬勃发展。

★ 条例链接

《中国共产党纪律处分条例》（2023年12月19日中共中央发布）

第一百零一条　接受、提供可能影响公正执行公务的宴请或者旅游、健身、娱乐等活动安排，情节较重的，给予警告或者严重警告处分；情节严重的，给予撤销党内职务或者留党察看处分。

纪律自觉养成课

52.

不得违规出入私人会所

★ 核心要义

私人会所是指实行会员制、只有会员才能出入的会所，或不向公众开放，只对少数人开放的餐饮服务、休闲娱乐、美容健身等场所。私人会所具有私密性、高端性、奢靡性、排他性等特点，容易滋生公款吃喝、权钱交易等各类腐败问题，诱发奢侈之风，带坏社会风气。党员干部要筑牢思想防线、守住廉洁底线、守牢法纪红线，始终保持共产党人的政治本色，清清白白做人，干干净净做事。

★ 纪律阐释

党员干部走向腐化变质、违法犯罪的深渊，往往从一些看似微不足道的生活小节、违反中央八项规定精神开始。许多违纪违法者正是从一顿不该赴的宴请、一张不该收的消费卡（券）、一家不该踏入的私人会所开始，逐渐迷失自我，在错误的道路上越走越远。

私人会所作为私密场所，常被别有用心者用于拉拢腐蚀党员干部，成为权钱交易、利益输送的温床。在这里，奢靡之风盛行，各种违规违纪行为极易滋生。例如，某省一位领导干部在私人会所接受私营企业主宴请，席间收受价值不菲的消费卡（券），此后便在项目审批、政策扶持等方面为该企业大开绿灯，严重损害了公共利益和政府公信力。党中央以雷霆之势整治私人会所乱象，正是为了斩断腐败链条，净化政治生态。

《中国共产党纪律处分条例》不仅约束违反规定出入私人会所的行为，还包括违反有关规定取得、持有、实际使用各种消费卡（券）的情形。党员干部务必时刻保持高度警惕，坚决抵制各种诱惑和"围猎"，严格遵守党的纪律，切实做到公正用权、依法用权、廉洁用权。

★ 条例链接

《中国共产党纪律处分条例》（2023年12月19日中共中央发布）

第一百零二条 违反有关规定取得、持有、实际使用运动健身卡、会所和俱乐部会员卡、高尔夫球卡等各种消费卡（券），或者违反有关规定出入私人会所，情节较重的，给予警告或者严重警告处分；情节严重的，给予撤销党内职务或者留党察看处分。

纪律自觉养成课

53.

不得违规从事营利活动

★ 核心要义

党员干部违规从事营利活动，极易诱发以权谋私、权钱交易，必须高度重视。有的党员干部利用职权或者职务上的影响，将公权力作为捞取个人利益的"敲门砖"。他们或与他人合资、合股、合作、合伙经商办企业，或通过购买信托产品、基金等方式非正常获利，或违反有关规定在经济组织、社会组织等单位中兼职等。这些行为不仅为权力寻租留下空间，也为腐败滋生提供土壤和条件。

★ 纪律阐释

"当官就不要发财，发财就不要当官。"这是为官的准则，也是从政的"戒尺"。中国共产党自成立以来，便始终把为中国人民谋幸福、为中华民族谋复兴作为自己的初心和使命。党员干部作为党的事业的具体践行者，要永怀公仆之心，谨奉公仆之职，牢记手中的权力是人民赋予的，只能用来为人民谋福利。在日常工作中，无论是制定政策，还是解决问题，都应以人民的根本利益为出发点和落脚点，而绝非为个人或少数利益集团谋取私利。

现实中，部分党员领导干部却背离了这一准则，违规从事营利活动。他们或是利用职权或职务影响承接工程项目并谋取巨额利益；或是通过入股、兼职等形式，在与自身工作业务相关的企业中获取利益。例如，某地一名党员领导干部，在负责某城市建设项目期间，借用亲属名义成立"影子公司"，承揽该项目部分材料供应，从中获取巨额利润。这种行为，其实质是以权谋私，严重破坏了市场公平竞争环境，损害了公共利益，更损害了党和政府在人民群众心中的形象。从最新查处的腐败案例来看，违规从事营利活动已成为部分干部走向堕落的重要原因之一。党员干部要树立正确的权力观、事业观，依法用权、秉公用权、廉洁用权，不得利用公权力从事各种营利活动，不得利用职务之便获取非法收入。只有不谋私利、不搞特权、不徇私情，练就金刚不坏之身，履职才有底气、干事才会硬气，才能赢得群众的信赖。

条例链接

《中国共产党纪律处分条例》（2023年12月19日中共中央发布）

第一百零三条　违反有关规定从事营利活动，有下列行为之一，情节较轻的，给予警告或者严重警告处分；情节较重的，给予撤销党内职务或者留党察看处分；情节严重的，给予开除党籍处分：

（一）经商办企业；

（二）拥有非上市公司（企业）的股份或者证券；

（三）买卖股票或者进行其他证券投资；

（四）从事有偿中介活动；

（五）在国（境）外注册公司或者投资入股；

（六）其他违反有关规定从事营利活动的行为。

利用参与企业重组改制、定向增发、兼并投资、土地使用权出让等工作中掌握的信息买卖股票，利用职权或者职务上的影响通过购买信托产品、基金等方式非正常获利的，依照前款规定处理。

违反有关规定在经济组织、社会组织等单位中兼职，或者经批准兼职但获取薪酬、奖金、津贴等额外利益的，依照第一款规定处理。

54.

不得违规兼职或违规兼职取酬

★ 核心要义

党员干部不得在各类企业、事业单位、行业组织、中介机构、社会团体等单位中兼职;经批准兼职的,不得获取薪酬、奖金、津贴、顾问费、咨询费等额外利益。党员干部违规兼职,容易催生权钱交易和利益输送,导致腐败现象发生,还会扰乱正常市场经济秩序。党员干部要时刻警醒自己,守好廉政纪律,不做违规兼职取酬的"两栖干部"。

★ 纪律阐释

随着全面从严治党的不断深入,一些兼职取酬行为披上了"隐身衣",挂证取酬、变相兼职等违规形式愈发隐蔽。现实中,有的党员干部把资格证书放到企业换取挂靠费;有的长期作为学校、协会等单位的教职人员进行教学、授课活动,领取相对固定的课酬;有的利用亲属、朋友等人的名义兼职,由他人代领"工资"。

纪律自觉养成课

这些党员干部一边享受着国家发放的稳定工资，一边贪恋兼职获取的优厚酬劳，在本职与兼职之间来回穿梭，充当"两栖干部"，手段层出不穷。这种行为不仅严重违反党的纪律，败坏社会风气，还极易滋生腐败问题，使权力沦为谋取私利的工具。

党中央三令五申禁止党政干部在经济组织中违规兼职或兼职取酬。无论是国家法律还是党内纪律，都作出了严格规定，党政机关干部不准在各类经济组织中兼职（包括名誉职务），个别经批准兼职的，不得领取任何报酬。对于一些公益机构等社会组织，考虑到宣传有关政策、普及知识等实际工作需求，在严格履行组织批准程序的前提下，允许党政机关干部兼职，但严禁领取兼职单位发放的兼职薪酬或者其他收入。

需要注意的是，党政领导干部退（离）休后到企业兼职（任职），也有着同样的纪律要求。确需到企业兼职（任职）的，必须按照干部管理权限严格审批，确保此类行为在制度框架内规范进行，防止出现利用在职期间的职权影响谋取私利的情况。党员干部要正确处理公和私、义和利、是和非等关系，一心为公、坦荡做人、谨慎用权。

★ 条例链接

《中国共产党纪律处分条例》（2023年12月19日中共中央发布）

第一百零三条　违反有关规定从事营利活动，有下列行为之一，情节较轻的，给予警告或者严重警告处分；情节较重的，给予撤销党内职务或者留党察看处分；情节严重的，给予开除党籍处分：

（一）经商办企业；

（二）拥有非上市公司（企业）的股份或者证券；

（三）买卖股票或者进行其他证券投资；

（四）从事有偿中介活动；

（五）在国（境）外注册公司或者投资入股；

（六）其他违反有关规定从事营利活动的行为。

利用参与企业重组改制、定向增发、兼并投资、土地使用权出让等工作中掌握的信息买卖股票，利用职权或者职务上的影响通过购买信托产品、基金等方式非正常获利的，依照前款规定处理。

违反有关规定在经济组织、社会组织等单位中兼职，或者经批准兼职但获取薪酬、奖金、津贴等额外利益的，依照第一款规定处理。

55.
离岗离职后不得违规从业

★ 核心要义

党员干部离职或者退（离）休后，其原有的职权还会在一定范围、一定时期内产生影响或者发挥作用。现实中，有的党员干部退而不休，接受企业聘任违规取酬，或通过原任职务管辖业务违规营利等。《中国共产党纪律处分条例》明确规定了党员干部离职或者退（离）休后违规从业等行为的处分规定，强化对于党员干部的全周期管理。党员干部在职时不能滥用职权、谋取私利，离岗离职后仍要一以贯之。

★ 纪律阐释

党员干部即便离职或者退（离）休后，其原有职权仍会在一定范围、一定时期内产生影响或者发挥作用。有的党员干部退休后，不甘寂寞，利用其在职期间的职权影响和所掌握的公共资源谋取私利。例如，一位退休的党员干部，凭借在职时与当地建筑企业建立的密切关系以及对工程审批流程的熟悉,违规接受一家与原工作业务直接相关的建筑企业聘用,在幕后为该企业出谋划策,帮助其在项目招投标中获取不正当优势,扰乱了当地建筑市场的正常秩序,损害了其他建筑企业的利益,在社会上造成了极为恶劣的影响。又如,某经济部门退休的党员领导干部,从事与原工作业务直接相关的营利活动,违规开展投资咨询业务,向企业提供所谓"内部消息",收取高额咨询费用,严重破坏了市场的公平性与透明度。

2023年修订的《中国共产党纪律处分条例》第一百零五条将第一款适用主体的范围由"党员领导干部"扩展到全体党员,以增强现实针对性,体现抓关键少数和管绝大多数相统一;扩大了离岗后禁止违规从业的方面,增加了"与原工作业务直接相关"的限定。这清晰地表明,无论在职还是离职、退(离)休,党员干部都必须始终坚守廉洁底线,不得利用原职权或者职务上的影响为个人或特定利益群体谋私。

党员干部务必深刻认识到,纪律红线时刻高悬,任何试图钻空子、打擦边球的行为都将无所遁形。即便离开了工作岗位,也应时刻牢记党员身份,自觉遵守党纪国法,维护党的良好形象。

★ 条例链接

《中国共产党纪律处分条例》(2023年12月19日中共中央发布)

第一百零五条 离职或者退(离)休后违反有关规定接受原任职务管辖的地区和业务范围内或者与原工作业务直接相关的企业和

纪律自觉养成课

中介机构等单位的聘用，或者个人从事与原任职务管辖业务或者与原工作业务直接相关的营利活动，情节较轻的，给予警告或者严重警告处分；情节较重的，给予撤销党内职务处分；情节严重的，给予留党察看处分。

党员领导干部离职或者退（离）休后违反有关规定担任上市公司、基金管理公司独立董事、独立监事等职务，情节较轻的，给予警告或者严重警告处分；情节较重的，给予撤销党内职务处分；情节严重的，给予留党察看处分。

56.

离岗离职后不得违规谋利

★ 核心要义

离职或者退(离)休后利用原职权或者职务上的影响违规谋利,本质上是对公权力的一种滥用,严重破坏社会公平与市场秩序。已离开工作岗位,仍利用原职期间积累的资源和影响力,在经济活动或其他领域中获取不正当利益,这种行为极大地损害了政府公信力。离岗离职党员干部应深刻认识到,党规党纪是包括退休党员在内的全体党员都必须遵守的铁规矩、硬杠杠,不会因为退休而松绑。无论何时都要绷紧纪律这根弦,切不可在离职或者退(离)休后就彻底"放飞自我",滥用原来的影响力,站台牵线,搞利益输送。

★ 纪律阐释

现实中,有的党员干部在离岗离职后,采取更为隐蔽的方式,没有直接选择"下海"经商或到企业违规任职,却将"黑手"伸向了利用原职权或者职务上的影响谋取不正当利益的灰色地带。有的

纪律自觉养成课

党员干部凭借在职期间积累的人脉资源与权力威望，为配偶、子女及其配偶等亲属和其他特定关系人从事经营活动打通关系。例如，某地一位退居二线的党员干部，利用曾经在地方分管经济工作的便利条件，为其儿子的企业在业务承揽、项目招投标等关键环节疏通关系，谋取不正当利益，严重破坏了当地市场的公平竞争环境。有的党员干部在离岗后，本人的配偶、子女及其配偶等亲属和其他特定关系人收受他人财物。例如，某省一位已退休的党员干部为某企业在获取项目方面牵线搭桥，事后，该企业以"咨询费""顾问费"等名义，向其女儿支付了高额报酬，这种行为本质上是权钱交易。

2022年，中共中央办公厅印发的《关于加强新时代离退休干部党的建设工作的意见》强调，离退休干部党员特别是担任过领导职务的干部党员要严守有关纪律规矩，不得利用原职权或职务影响为自己和他人谋取利益，进一步增强离退休干部党员的党性观念和党纪意识。2023年修订的《中国共产党纪律处分条例》，新增对党员干部离岗离职后违规为他人谋利行为的处分规定，进一步加强对党员干部的全方位管理和经常性监督，警示党员干部无论在职还是离岗，都要自觉在受监督和约束的环境中工作生活。

党员干部务必深刻认识到，无论在职还是离岗，纪律红线始终不可触碰，权力并非个人谋取私利的工具。离岗离职后也应时刻保持政治清醒，坚守廉洁底线，以实际行动维护党的先进性和纯洁性，为营造风清气正的政治生态贡献力量。

★ 条例链接

《中国共产党纪律处分条例》（2023年12月19日中共中央发布）

第一百零六条　离职或者退（离）休后利用原职权或者职务上的影响，为配偶、子女及其配偶等亲属和其他特定关系人从事经营活动谋取利益，情节较轻的，给予警告或者严重警告处分；情节较重的，给予撤销党内职务或者留党察看处分；情节严重的，给予开除党籍处分。

离职或者退（离）休后利用原职权或者职务上的影响为他人谋取利益，本人的配偶、子女及其配偶等亲属和其他特定关系人收受对方财物，情节较重的，给予警告或者严重警告处分；情节严重的，给予撤销党内职务、留党察看或者开除党籍处分。

纪律自觉养成课

57.
党员领导干部的配偶、子女及其配偶不得违规从业

★ 核心要义

党员领导干部的配偶、子女及其配偶违反规定经商办企业，极易引发严重的利益冲突问题。现实中，有的亲属利用党员领导干部手中的权力，通过各种隐蔽手段谋取不当利益，比如在项目投标环节暗箱操作、获取政策优惠等。这些行为破坏了公平竞争的市场环境，不仅扰乱市场经济秩序，更严重损害党和政府在人民群众心中的形象。党员领导干部要加强对亲属的教育和约束，一旦发现亲属有借助自己职权或职务上的影响违规从事商业活动的苗头，应立即予以纠正。

★ 纪律阐释

配偶、子女及其配偶利用党员领导干部的职权或职务上的影响谋取不正当利益，不仅会损害党员干部队伍的形象，更会侵蚀党和

人民事业的根基。例如，一名领导干部负责当地的工程建设项目审批工作，若其配偶、子女及其配偶在该地从事建筑工程相关经营活动，就极易引发利益输送，干扰领导干部公正履职。

《关于新形势下党内政治生活的若干准则》明确要求，领导干部特别是高级干部必须注重家庭、家教、家风，教育管理好亲属和身边工作人员。严格执行领导干部个人有关事项报告制度，进一步规范领导干部配偶子女从业行为。这将领导干部对亲属的教育管理责任提升到新的高度，强调从家庭层面筑牢廉洁防线。2022年，中共中央办公厅印发的《领导干部配偶、子女及其配偶经商办企业管理规定》明确了领导干部配偶、子女及其配偶经商办企业管理的适用对象，以及经商办企业的具体情形，对不同层级、不同类别领导干部配偶、子女及其配偶经商办企业分别提出了禁业要求。

"在该党员领导干部管辖的地区和业务范围内从事可能影响其公正执行公务的经营活动"，主要是指在该党员领导干部管辖的地区和业务范围内个人从事的可能与公共利益发生冲突的经商办企业等经营活动。2023年修订的《中国共产党纪律处分条例》第一百零七条，将"在该党员领导干部管辖的地区和业务范围内的外商独资企业、中外合资企业中担任由外方委派、聘任的高级职务或者违规任职、兼职取酬的"修改为"有其他违反经商办企业禁业规定行为的"。这一修订极大地拓展了纪律约束的覆盖范围。随着市场经济的多元化发展，违规经商办企业的形式越发多样，如通过股权代持、虚拟经营、关联交易等隐蔽手段规避监管，该调整能够有效应对这些新情况、新问题，让纪律的"高压线"全面覆盖各类违规行为。

纪律自觉养成课

近年来,各级纪检监察机关查处多起领导干部亲属违规经商办企业的案件,对相关责任人予以严肃处理,彰显了党中央整治此类问题的坚定决心。党员领导干部要廉洁从政、廉洁用权、廉洁修身、廉洁齐家,杜绝亲属违规从业现象,共同维护风清气正的政治生态。

★ 条例链接

《中国共产党纪律处分条例》(2023 年 12 月 19 日中共中央发布)

第一百零七条　党员领导干部的配偶、子女及其配偶,违反有关规定在该党员领导干部管辖的地区和业务范围内从事可能影响其公正执行公务的经营活动,或者有其他违反经商办企业禁业规定行为的,该党员领导干部应当按照规定予以纠正;拒不纠正的,其本人应当辞去现任职务或者由组织予以调整职务;不辞去现任职务或者不服从组织调整职务的,给予撤销党内职务处分。

58.

不得违规谋求特殊待遇

★ 核心要义

党员领导干部在交通、医疗、警卫等方面为本人、亲属和其他特定关系人谋求特殊待遇的行为,不仅违背了党的纪律和原则,更对党的形象和公信力造成了严重损害。从行为本质上看,这种行为是权力滥用的直接体现。党员领导干部要清醒认识到,自己手中的权力、所处的岗位,是党和人民赋予的,是为党和人民做事用的,只能用来为民谋利。要在公与私之间划一条鲜明的红线,时刻秉公心、守公道,不让权力任性"出界"。

★ 纪律阐释

违规谋求交通、医疗、警卫等方面特殊待遇行为,是指党和国家机关、国有企业、事业单位、人民团体、基层群众性自治组织中从事公务活动并担任领导职务或相应职级的党员违反有关工作、生活保障制度,谋求特殊待遇的情节较重的行为。这些行为严重违背

纪律自觉养成课

公平公正原则，破坏正常工作和生活秩序，侵蚀党的先进性和纯洁性。

违规谋求特殊待遇行为的客观方面，主要表现在：（1）违反工作、生活保障制度。这里的"工作、生活保障制度"，包括领导干部住房、办公、用车、人员配备、医疗、交通、警卫等多项制度。（2）在交通、医疗、警卫等方面为本人、配偶、子女及其配偶等亲属、身边工作人员和其他特定关系人谋求特殊待遇。这里的"其他特定关系人"，是指与行为人有近亲属、情妇（夫）以及其他共同利害关系人员。"谋求"，是指通过非正当方式向组织或相关人员提出要求获得。"特殊待遇"，是指按领导干部职务、资历、身体和社会家庭状况等规定不应当由其本人或者亲属和其他特定关系人享受的待遇。判断该行为是否违纪要看情节是否较重，若通过正规途径提出要求特殊待遇且服从组织安排则一般不视为违纪，若采取非正当手段或造成严重不良影响则应认定情节较重并依党纪严肃处理。

2023年修订的《中国共产党纪律处分条例》第一百零九条新增为"身边工作人员"谋求特殊待遇的处分规定，进一步扎牢织密监督网，堵塞制度漏洞，彰显党中央全面从严治党、坚决反对特权思想和特权现象的态度和决心，对党员领导干部行为规范提出更严格的要求，警示党员领导干部约束身边工作人员，防止违规违纪行为发生。

党员领导干部要深刻认识到违规谋求特殊待遇行为的严重危害，自觉遵守党纪法规，抵制特权思想和特权行为，保持清正廉洁的政治本色。各级党组织和纪检监察机关要履行监督责任，加强对党员干部日常教育管理和监督检查,严肃查处此类违纪行为,为营造风清气正政治生态和良好社会环境提供坚强保障。

★ 条例链接

《中国共产党纪律处分条例》(2023年12月19日中共中央发布)

第一百零九条　党员领导干部违反工作、生活保障制度,在交通、医疗、警卫等方面为本人、配偶、子女及其配偶等亲属、身边工作人员和其他特定关系人谋求特殊待遇,情节较重的,给予警告或者严重警告处分;情节严重的,给予撤销党内职务或者留党察看处分。

纪律自觉养成课

59.
不得在分配、购买住房中侵犯国家、集体利益

★ 核心要义

在分配、购买住房中侵犯国家、集体利益，主要是指党员干部违反国家住房分配、购买有关规定，借房改之机多占住房，重复享受福利分房政策多买房改房，违反规定买卖经济适用房、廉租住房等保障性住房，侵犯国家、集体利益，依照相关规定应当受到追究的行为。这些行为是对公共资源的侵占，不仅极大损害了集体利益，还扰乱了正常的社会秩序，严重影响了党在人民群众中的形象。党员干部要知敬畏、存戒惧、守底线，敬畏党、敬畏人民、敬畏法纪，杜绝以权谋房、以房敛财。

★ 纪律阐释

建设保障性住房，是党和政府为解决困难人群的住房问题而出台的带有福利性质的惠民措施，一些党员干部却利用职务便利和影响力多占住房、低价购房、超标购房、公款购房。例如，在房改过

程中，有的党员干部利用职务之便或信息不对称，通过虚报家庭人口、隐瞒已有住房等手段多占住房。有的党员干部重复享受福利分房政策多买房改房，利用工作调动之机，隐瞒房改房，获取新单位住房。有的党员干部违反规定买卖经济适用房、廉租住房等保障性住房，通过私下交易、伪造证明等手段据为已有或转卖获利。这些行为不仅破坏了住房分配的公平秩序，侵犯了广大群众的合法权益，更严重侵蚀了国家和集体利益。

《中国共产党纪律处分条例》第一百一十条规定，对于在分配、购买住房中侵犯国家、集体利益的行为，将根据情节轻重给予相应处分。广大党员干部务必深刻认识到此类行为的严重危害性，自觉遵守国家住房政策法规，维护社会公平正义。各级党组织应强化监督管理，在住房分配、购买等环节严格审核把关，加强对党员干部的日常教育提醒。纪检监察机关要加大监督执纪力度，对违规行为露头就打，及时查处曝光典型案例，形成强大震慑，为营造风清气正的住房领域环境、推动住房事业健康发展提供坚实的纪律保障。

★ 条例链接

《中国共产党纪律处分条例》(2023 年 12 月 19 日中共中央发布)

第一百一十条　在分配、购买住房中侵犯国家、集体利益，情节较轻的，给予警告或者严重警告处分；情节较重的，给予撤销党内职务或者留党察看处分；情节严重的，给予开除党籍处分。

纪律自觉养成课

60.
不得侵占公私财物

★ 核心要义

侵占公私财物主要表现为：利用职权或者职务上的影响，侵占非本人经管的公私财物；以象征性地支付钱款等方式侵占公私财物；无偿、象征性地支付报酬接受服务、使用劳务；利用职权或者职务上的影响，将应当由本人、配偶、子女及其配偶等亲属、身边工作人员和其他特定关系人个人支付的费用，由下属单位、其他单位或者他人支付、报销。一些党员干部利用职权或者职务上的影响，侵占非本人经管的公私财物，看似事情不大，但损害了党员干部的形象，也侵犯了公私财物所有权。

★ 纪律阐释

在物质利益的诱惑面前，一些党员干部道德防线崩塌，将贪婪之手伸向公私财物，从中揩油水、蹭好处。

现实中，有的党员干部在购买商品时以明显低于同类同等商品当时当地正常市场价格付款；有的接受服务、使用劳务后所支付的费用，明显低于实际发生的应当支付的服务费、劳务费；有的特权思想作祟，把商人老板们当成"提款机"，主动要求商人老板为自己或亲属的消费行为买单。一些党员干部错误地认为只要没有直接收受财物就不算违纪，免费提供一些劳务和服务只不过是朋友之间的相互帮助。还有一些党员干部并非不知道这种互相帮助带有利益交换的因素，但他们常常存在侥幸心理，认为不直接过手金钱就会平安无事。殊不知，欠了人情始终是要还的。作为党员干部，要做到"苟非吾之所有，虽一毫而莫取"，不贪不占，公私分明，自觉树起廉洁自律的标杆。

2023年修订的《中国共产党纪律处分条例》在侵占公私财物方面增加了对应当由"身边工作人员和其他特定关系人"个人支付的费用，由下属单位、其他单位或者他人支付、报销的处分规定。这一修订具有极强的现实针对性，在实际工作与生活中，部分领导干部为规避纪律审查，让下属单位或其他单位支付应由身边工作人员或特定关系人个人承担的费用，如子女的学费、家庭旅游费用等。党员干部不仅自身要严守纪律底线，还要严格约束身边工作人员和特定关系人，杜绝侵占公私财物行为。

★ 条例链接

《中国共产党纪律处分条例》（2023年12月19日中共中央发布）

第一百一十一条　利用职权或者职务上的影响，侵占非本人经

纪律自觉养成课

管的公私财物，或者以象征性地支付钱款等方式侵占公私财物，或者无偿、象征性地支付报酬接受服务、使用劳务，情节较轻的，给予警告或者严重警告处分；情节较重的，给予撤销党内职务或者留党察看处分；情节严重的，给予开除党籍处分。

利用职权或者职务上的影响，将应当由本人、配偶、子女及其配偶等亲属、身边工作人员和其他特定关系人个人支付的费用，由下属单位、其他单位或者他人支付、报销的，依照前款规定处理。

61.

不得违规占用公物

★ **核心要义**

违规占用公物归个人使用,甚至占用公物进行营利活动,是将公共资源私有化的表现,严重损害公共利益。公物作为集体财产,用于服务公共事务,助力各项工作的顺利推进。违规占用公物,是对公共资源的肆意浪费与不合理滥用,这种行为与党员干部应遵循的行为准则背道而驰。党员干部应时刻牢记自身使命与责任,严格规范自身行为,切莫滥用权力,以权谋私。

★ **纪律阐释**

违规占用公物与侵占公私财物虽有相似表象,但本质上大相径庭。

从主观目的来看,违规占用公物行为侵犯的是公物的使用权。例如,某政府部门工作人员李某,私自将单位的小型货车借用一周,用于搬家。李某并不是想永久占有货车,只是暂用货车满足个人搬

纪律自觉养成课

运需求，这种行为便属于违规占用公物。侵占公物的行为人，主观目的是占有财物的所有权。例如，某事业单位职工王某，将单位配备的投影仪拿回家中，用于周末邀请朋友聚会时用于播放影片，将单位公物当作私人娱乐工具。还有党员干部利用占用的公物进行营利活动，或转借他人用于营利。例如，某乡镇干部赵某，把村里用于农田灌溉的抽水机长期借给亲戚，用于其经营的农田灌溉服务生意，在群众中造成恶劣影响。值得注意的是，行为人利用职权或者职务上的影响，占用公物时间超过六个月，在应退还时拒不退还，或使用价值已尽（或将尽）而无法退还，此时应当认定为"侵占行为"。

党员干部切勿因一时私利触犯纪律红线，要始终把公私分明、先公后私、克己奉公牢记在心，严格遵守廉洁从政各项纪律规定。

★ 条例链接

《中国共产党纪律处分条例》（2023年12月19日中共中央发布）

第一百一十二条　利用职权或者职务上的影响，违反有关规定占用公物归个人使用，时间超过六个月，情节较重的，给予警告或者严重警告处分；情节严重的，给予撤销党内职务处分。

占用公物进行营利活动的，给予警告或者严重警告处分；情节较重的，给予撤销党内职务或者留党察看处分；情节严重的，给予开除党籍处分。

将公物借给他人进行营利活动的，依照前款规定处理。

62.

不得违规组织、参加公款宴请

★ 核心要义

违规组织、参加公款宴请行为，是指党政机关、国有企业、事业单位、人民团体、基层群众性自治组织，或者其从事公务的党员违反有关规定组织、参加用公款支付的宴请的行为。违规组织、参加公款宴请，表现为通过弄虚作假、虚构接待事项、转嫁吃喝费用等方式，用公款支付本该由个人支付的餐费，侵害的是对公共财物（公款）正当的管理和使用。党员干部要严格遵守中央八项规定精神，时刻保持警醒，始终坚持"公款姓公，一分一厘都不能乱花；公权为民，一丝一毫都不能私用"。

★ 纪律阐释

违规吃喝问题是作风建设的大敌，绝非小事小节，关系党在人民群众心中的形象。党的十八大以来，违规大吃大喝之风得到有力遏制，但顶风违规吃喝问题仍时有发生，群众对此深恶痛绝。党员

纪律自觉养成课

干部应充分认识作风问题的反复性和顽固性，从管住一顿饭、一杯酒做起，严以修身，慎独慎微，让心存敬畏、手握戒尺真正成为日常自觉。

实践中，有的党员干部通过项目资金等专项工作经费支付吃喝费用；有的将休假、探亲、旅游等非公务活动纳入公务接待范围；有的假借交流工作、考察调研、招商引资等名义吃喝；有的以会议、培训、办公用品等名义列支、转移餐费；有的鱼目混珠，将违规吃喝产生的费用混入接待正常开支中；等等。这些行为不仅损害了党员干部在群众心中的形象，更严重破坏了党风政风，侵蚀了党和政府的公信力。

2023年修订的《中国共产党纪律处分条例》第一百一十三条对违反有关规定组织、参加用公款支付的宴请、娱乐、健身活动，或者用公款购买赠送或者发放礼品、消费卡（券）等行为作出规定。"有关规定"，主要是指违反《党政机关厉行节约反对浪费条例》《党政机关国内公务接待管理规定》《中央和国家机关培训费管理办法》《中央和国家机关差旅费管理办法》《基层工会经费收支管理办法》等法律法规的规定，由公款支付了本应由个人承担的宴请费用，无论支付金额多少，都属于违纪行为。同时，本条款中将"高消费娱乐"改为"娱乐"，这一细微的调整进一步明确了纪律边界。只要党员干部违反规定参加娱乐活动，无论消费高低，均属于违纪行为。这充分彰显了党中央对党员干部行为规范的严格要求，杜绝任何可能滋生腐败、违反纪律的行为空间。

党员干部应时刻牢记自己的身份和使命，始终做到心中有戒不妄为，时时处处以党的纪律作为规范自身行为的准则。

★ 条例链接

《中国共产党纪律处分条例》（2023年12月19日中共中央发布）

第一百一十三条 违反有关规定组织、参加用公款支付的宴请、娱乐、健身活动，或者用公款购买赠送或者发放礼品、消费卡（券）等，对直接责任者和领导责任者，情节较轻的，给予警告或者严重警告处分；情节较重的，给予撤销党内职务或者留党察看处分；情节严重的，给予开除党籍处分。

纪律自觉养成课

63.

不得用公款旅游

★ 核心要义

用公款旅游,浪费本应用于公共服务和社会发展的资金,损害广大群众利益,在社会上造成恶劣影响,极大地破坏了党风政风。艰苦奋斗向来是我们党一以贯之的优良传统,公款旅游行为与党政机关带头过紧日子的要求背道而驰。党员干部作为人民公仆,应时刻坚守廉洁自律的底线,从思想根源上杜绝公款旅游等违规行为的念头,以高度的责任感和使命感合理使用每一分公共资金,将其精准投入为人民谋福祉的事业中,真正做到权为民所用、利为民所谋。

★ 纪律阐释

公款旅游,是指利用国家或者单位的公款进行个人旅游。从实际表现形式来看,公款旅游呈现出多样化的特点。有的党员干部直接组织、参加公款旅游;有的通过虚列支出套取旅游资金,或是要求下属单位、国有企事业单位等为其支付旅游费用。以学习培训、考察调研、职工疗养、招商参展等为名变相公款旅游的情况也屡见不鲜。一些党员干部打着学习培训的旗号，实则组织团队前往热门旅游景点。某地曾曝光一起案例，某部门组织所谓的业务考察调研，前往著名旅游城市，考察行程仅有短短半天，其余时间皆在景区游玩，费用均由公款报销。在招商参展活动中，个别党员干部也借机夹带私货，接亲属、朋友一道出行，并用公款报销他人旅游费用。

借公务外出之机改变行程旅游也是常见的公款旅游方式。一些党员干部在执行公务期间，擅自改变活动路线，借机旅游，将公务活动与个人旅游混为一谈，并将旅游费用混入公务出差费用中一并报销。还有部分党员干部借参加下属单位、国有企事业单位组织的考察活动之机旅游，在考察过程中，偏离考察主题，将大量时间耗费在旅游观光上，严重浪费了公共资源。

2023年修订的《中国共产党纪律处分条例》第一百一十五条第二款与时俱进，对处分对象作出了明确界定，即"直接责任者和领导责任者"。这一规定具有极强的现实针对性与震慑力。在实际工作中，直接责任者往往是具体实施公款旅游行为的人员，他们通过各种手段骗取公款用于个人旅游，是违规行为的直接执行者。而领导责任者则需对其下属的违规行为承担领导责任，即便其本人未直接参与公款旅游，但如果对下属的违规行为失察、纵容或默许，同样要受到党纪处分。例如，某单位一部门负责人私自组织部门员工公款旅游，该单位领导明知此事却未加以制止，在事件曝光后，直接组织旅游的部门负责人受到处分，该单位领导也因领导责任被问责。这一规定进一步明确了责任主体，让纪律约束更加精准，彰显了党

纪律自觉养成课

中央全面从严治党、坚决打击公款旅游等违规违纪行为的坚定决心。公款旅游花样翻新、时有发生，反映出一些党员干部公私界限模糊，纪律规矩意识淡薄。公款旅游无论以何种理由，无论穿上怎样的"马甲"，都难掩其挥霍公款、腐败浪费的本质，改变不了以权谋私、违规违纪的实质，必须紧盯不放、寸步不让、露头就打，依规依纪依法从严处置。

★ 条例链接

《中国共产党纪律处分条例》（2023年12月19日中共中央发布）

第一百一十五条　有下列行为之一，对直接责任者和领导责任者，情节较轻的，给予警告或者严重警告处分；情节较重的，给予撤销党内职务或者留党察看处分；情节严重的，给予开除党籍处分：

（一）公款旅游或者以学习培训、考察调研、职工疗养等为名变相公款旅游；

（二）改变公务行程，借机旅游；

（三）参加所管理企业、下属单位组织的考察活动，借机旅游。

以考察、学习、培训、研讨、招商、参展等名义变相用公款出国（境）旅游的，对直接责任者和领导责任者，依照前款规定处理。

64.

不得超标准配备、使用办公用房

★ 核心要义

超标准配备、使用办公用房,是对公共资源的严重浪费,这一行为与我们党艰苦奋斗、勤俭节约的优良作风背道而驰。超标准配备、使用办公用房,是滋生享乐主义的温床,不仅损害党和政府在群众心中的形象,还破坏党群干群关系。党员干部务必严格执行办公用房等工作待遇规定,以实际行动树立良好的工作作风。

★ 纪律阐释

违反办公用房管理等规定的行为,主要表现在以下几个方面:

一是在决定或者批准兴建、装修办公楼、培训中心等楼堂馆所方面。有的单位不顾实际需求和财政承受能力,盲目跟风、好大喜功,擅自决定兴建办公楼或大规模装修培训中心。例如,某地方政府部门在办公场所满足日常办公需求的情况下,以提升形象为由,违规兴建一座造价高昂的新办公楼,严重违背了勤俭节约的原则,

纪律自觉养成课

造成了极大的资源浪费。

二是在超标准配备、使用办公用房方面。有的领导干部追求舒适与排场，无视办公用房面积、装修标准等规定，违规配备大面积、高规格的办公用房。有的单位甚至通过设置套间、配备高档家具和设施等方式，为领导干部打造超豪华办公环境。例如，某党员干部办公用房面积超出规定标准数倍，不仅配备了独立的休息室、会议室，还装修得富丽堂皇，与企业的实际经营状况和员工的工作环境形成鲜明反差，严重影响了企业的风气和员工的积极性。

三是在未经批准租用、借用办公用房方面。有的单位为了规避监管，在未履行相关审批手续的情况下，擅自租用或借用其他单位的办公用房，且用途往往并非出于实际工作需要。例如，某事业单位以临时办公场地紧张为由，未经上级主管部门批准，私自租用市中心的高档写字楼作为办公场所，租金高昂，不仅增加了单位的运营成本，也违反了办公用房管理规定。

四是在用公款包租、占用客房或者其他场所供个人使用方面。有的党员干部利用职务之便，用公款长期包租酒店客房作为私人办公或休息场所，将公共资源用于满足个人私欲。例如，某基层单位的一名领导干部，以接待上级领导为由，长期包租当地一家高档酒店的豪华套房，实则大部分时间用于个人休闲娱乐，严重违反了廉洁纪律。

五是在其他违反办公用房管理等规定行为方面。这一兜底条款涵盖了各类潜在的违规行为，确保对办公用房管理领域的违规现象实现全面监管。

在整改超标准办公用房过程中，需要特别注意方式方法。有的单位或个人以会议室、接待室、值班室、休息室等名义，或以多摆放办公桌椅和设备、伪造多人办公等方式，试图掩盖超标准使用办公用房的实质。这些行为是徒劳的，必须进行腾退或整改。例如，某地一单位为应对上级检查，在超标准的领导办公用房内临时摆放多张桌椅，伪装成多人办公的假象，但在实地核查中被识破，最终相关责任人受到严肃处理。有的单位在整改过程中利用打隔断（隔出来后不能独立使用）、垒墙或者直接封死等方式减少办公用房面积。这些做法属于形式主义整改，不仅无法真正解决问题，还会造成新的浪费。办公用房应根据实际需求和规定标准，合理调整办公用房布局，提高空间利用率，确保办公用房的使用既符合规定，又能满足工作需要。

党员干部必须深刻认识到遵守办公用房管理规定的重要性，严格自律，杜绝违规行为。各级单位要加强对办公用房的管理和监督，建立健全长效机制，确保办公用房的合理使用和规范管理。纪检监察机关要加大监督执纪力度，严肃查处各类违反办公用房管理规定的行为，为营造风清气正的政治生态和良好的工作环境提供坚实保障。

★ 条例链接

《中国共产党纪律处分条例》（2023年12月19日中共中央发布）

第一百一十九条 违反办公用房管理等规定，有下列行为之一，对直接责任者和领导责任者，情节较重的，给予警告或者严重警告

纪律自觉养成课

处分；情节严重的，给予撤销党内职务处分：

（一）决定或者批准兴建、装修办公楼、培训中心等楼堂馆所；

（二）超标准配备、使用办公用房；

（三）未经批准租用、借用办公用房；

（四）用公款包租、占用客房或者其他场所供个人使用；

（五）其他违反办公用房管理等规定行为。

群众纪律

65.
不得超标准、超范围向群众筹资筹劳

★ 核心要义

筹资筹劳,是指为兴办村民直接需要的集体生产生活等公益事业,按照有关规定经民主程序确定的村民出资出劳的行为。个别基层干部为了政绩,不顾群众实际承受能力,擅自提高筹资筹劳标准,扩大筹资筹劳范围,将本应政府承担的部分费用转嫁给群众。这种行为不仅会加重群众经济负担,还会引发群众对政府工作的不满与质疑,破坏党群干群关系。党员干部必须始终把群众利益放在首位,严格依据相关政策法规,合理安排筹资筹劳事项,充分尊重群众意愿,切实保障群众合法权益,维护政府公信力,推动基层工作和谐有序开展。

★ 纪律阐释

在社会发展进程中,保障群众和企业的合法权益至关重要。然而,有的地方和单位超标准、超范围向群众筹资筹劳、摊派费用的

纪律自觉养成课

现象却时有发生。这些行为不仅损害人民群众的切身利益,更对社会和谐稳定与党和政府形象造成了负面影响。

超标准、超范围筹资筹劳、摊派费用的表现形式名目众多、花样百出。一些不法行为人采用暴力、胁迫等强硬手段,肆意乱收费、乱摊派、乱罚款。有的基层干部为了完成所谓的"任务指标",不顾群众的实际承受能力,虚构"道路建设费""水利维护费"等名目,让农民缴纳各种不合理费用。这些费用本应通过合法的财政渠道或合理的筹资方式解决,却被转嫁到群众身上,给群众带来了沉重的经济负担。

向企业的摊派行为同样违纪。一些地方、部门和单位利用权力,向企业摊派、索要赞助、捐款,甚至无偿占用企业的人力、物力和财力等资源。例如,有的在举办活动时,要求企业提供赞助资金,美其名曰"支持地方发展",实则是将活动成本转嫁给企业;有的无偿调用企业的设备、车辆等物资,不顾企业的正常生产经营需求;有的在公务活动中通过中介组织对企业进行不合理收费,将应由企业自主选择的咨询、信息、检测、商业保险等服务变为强制性服务,强行收费;有的向企业拉广告,强制企业订购书报刊物、音像制品等。更有甚者,向企业强买强卖,强制企业接受指定服务,从中谋取私利。这些强制行为,使企业经济利益受损,被迫陷入不公平的市场竞争环境,增加了企业成本,严重影响企业的发展活力。

超标准、超范围向群众筹资筹劳,本质上属于强令他人履行非法定义务的行为。相关部门和人员为了本部门的利益,利用手中的权力,以各种不正当手段为本部门增加收入、积累财富。这种不正之风危害极大，严重损害人民群众和企业的利益，影响党和国家机关的正常公务活动，降低政府的权威性和公信力。长此以往，必然会破坏党群干群关系，导致人民群众对党和政府产生不满和质疑，增加社会不稳定因素。

为了坚决遏制这种不良现象，国家出台了一系列严格规定。《中共中央、国务院关于坚决制止乱收费、乱罚款和各种摊派的决定》明确指出，在国家法律、法规和有关规定之外，要求有关单位或个人无偿地、非自愿地提供财力、物力和人力的行为都是摊派，一律予以禁止。任何地方、部门和单位都不准收取《禁止向企业摊派暂行条例》《关于切实减轻农民负担的通知》所禁止的费用，不得以赞助、捐赠等为名变相向行政事业单位、企业和个人摊派。对目无法纪，继续乱收费、乱罚款和摊派的单位，其非法收入除按规定退还被收、被罚、被摊派的单位和个人外，其余全部没收上交财政，并由纪检、监察机关或主管部门给予这些单位和审批部门领导人相应的党纪、政纪处分。

2023年修订的《中国共产党纪律处分条例》为了更好贯彻党中央关于实施乡村振兴战略的重大决策部署，与时俱进地将扶贫领域侵害群众利益行为调整表述为乡村振兴领域侵害群众利益行为，依然作为从重或者加重处分的情形予以规定。通过严格的纪律约束，确保党员干部在实施乡村振兴战略中，始终坚守为人民服务的宗旨，切实保障群众利益，为推进乡村全面振兴、加快建设农业强国提供坚强的纪律保障。

党员干部要深刻认识到自身的责任和使命，自觉遵守党纪国法，

纪律自觉养成课

坚决杜绝超标准、超范围向群众筹资筹劳等违规行为，为建设更高水平平安中国、实现国家的长治久安贡献力量。

★ 条例链接

《中国共产党纪律处分条例》（2023年12月19日中共中央发布）

第一百二十二条 有下列行为之一，对直接责任者和领导责任者，情节较轻的，给予警告或者严重警告处分；情节较重的，给予撤销党内职务或者留党察看处分；情节严重的，给予开除党籍处分：

（一）超标准、超范围向群众筹资筹劳、摊派费用，加重群众负担；

（二）违反有关规定扣留、收缴群众款物或者处罚群众；

（三）克扣群众财物，或者违反有关规定拖欠群众钱款；

（四）在管理、服务活动中违反有关规定收取费用；

（五）在办理涉及群众事务时刁难群众、吃拿卡要；

（六）其他侵害群众利益行为。

在乡村振兴领域有上述行为的，从重或者加重处分。

66.

不得干涉群众生产经营自主权

★ 核心要义

生产经营自主权,是指自然人、法人在不违反国家法律法规基础上所拥有的自主安排生产,自由调配适用自己的人力、物力、财力,自行组织生产经营的权力。干涉群众生产经营自主权,是对市场经济规律与群众基本权利的漠视,势必会给群众财产造成损失,影响经济发展,破坏党群干群关系。为维护广大人民群众的切身利益,维护健康有序的经济秩序和市场环境,对于干涉生产经营自主权的行为必须予以惩戒。

★ 纪律阐释

干涉群众生产经营自主权,看似只是一种工作方式的偏差,其本质是对群众自主意愿的干涉。即便出发点是善意的,也可能好心办坏事,一旦忽视群众的真实想法与实际需求,将带来难以挽回的负面影响。

纪律自觉养成课

比如，有的党员干部出于追求短期政绩效益的考量，盲目跟风其他地区经验，不顾市场的风云变幻以及农民长期积累的种植经验和自身意愿，强迫农民种植特定作物。然而，并未充分调研市场饱和度与本地的土壤、气候等条件是否适宜，使群众财产遭受较大损失。

群众作为生产经营主体，长期在市场中摸爬滚打，对市场的敏感度以及自身的实际情况有最深刻的了解。党员干部应积极主动地为群众提供全面准确的市场信息、先进实用的技术支持以及优惠有利的政策扶持，通过耐心细致的引导，使群众能够基于自身的判断作出自主决策。这样既能充分发挥群众的主观能动性，激发他们的创造力和积极性，又能有效助推农村经济健康发展，促进农村社会和谐稳定发展。

做好群众工作绝非易事，必须从实际出发，把尊重群众意愿作为一切工作的出发点和落脚点。绝不能搞那些脱离实际、脱离群众、劳民伤财的"面子工程""形象工程"，更不能有不顾群众意愿、破坏群众首创精神、损害群众利益的强迫行为。只有真正做到想群众之所想、急群众之所急，才能赢得群众的信任与支持，共同推动农村各项事业蓬勃发展。

★ 条例链接

《中国共产党纪律处分条例》（2023年12月19日中共中央发布）

第一百二十三条　干涉生产经营自主权，致使群众财产遭受较大损失的,对直接责任者和领导责任者,给予警告或者严重警告处分;情节严重的,给予撤销党内职务或者留党察看处分。

纪律自觉养成课

67.

不得在民生保障事项中优亲厚友

★ **核心要义**

在民生保障事项中优亲厚友，严重违背公平公正原则，损害政府公信力。在民生保障款物分配等工作中，个别党员干部不能正确处理亲属、朋友与群众的关系，办事不公、优亲厚友，甚至存在看"人情"分配，这些行为使民生资源错配，困难群众生活得不到有效保障，引发群众强烈不满，破坏社会公平正义。党员干部应秉持公正之心，严格按照民生保障政策标准，精准识别帮扶对象，确保民生资源惠及真正有需要的群众，维护社会和谐稳定。

★ **纪律阐释**

社会保障、社会救助、政策扶持、救灾救济款物分配等事项，是解决民生问题的重要内容，是兜底线、救急难、保民生、促公平的大事。在相关政策具体执行过程中，一些党员干部受利益驱动和人情关系影响，不按照民主决策程序办理、不按照规定标准执行，造成不公平、不公正结果。

社会保障是指国家通过立法而制定的社会保险、救助、补贴等一系列制度和措施，旨在为社会成员提供全面、多层次的基本生活保障，维护社会稳定，促进社会公平正义。政策扶持是指国家为扶助特定群体或鼓励某项事业而采取的财政、税收、劳动就业等方面的优惠和便利措施，旨在帮助特定群体改善生活条件，推动经济社会发展。救灾救济是指在自然灾害或其他突发事件发生后，国家为减轻灾害对人民群众的影响，保障受灾群众的基本生活而采取的救助和安抚措施，包括向受灾群众发放款物、提供临时住所等。这些都涉及老百姓的"救命钱物"，事关困难群众基本生活和衣食冷暖，关系民生、连着民心。

"明显有失公平"，是指执行政策出现较大偏离，应该帮扶的对象没有得到帮扶，不符合帮扶条件的对象反而得到了帮扶，或者在同等条件下，发放款物的数量或价值悬殊，明显不公平、不公正。

界定此类违纪行为要注意三点：一是款物分配不公，这是优亲厚友行为的突出表现形式；二是明显有失公平，这种不公平是显而易见的，严重违背了政策的公平原则；三是只要有优亲厚友的行为，不管是否造成影响，都属于违纪。这体现了党纪对这类行为的零容忍态度。

2023年修订的《中国共产党纪律处分条例》在第一百二十四条中充实了对于在社会救助中优亲厚友、显失公平行为的处分规定，着力促进将社会救助兜底保障落到实处。全面脱贫后，我们党着眼为群众提供更高质量的兜底保障，进一步健全社会救助体系，在促进社会公平、维护社会和谐稳定上发挥了重要作用。如果党员干部在救济、补助工作中办事不公、优亲厚友、厚此薄彼，将救济、补助款物作为"顺水人情""关系保障"，不但影响国家惠民政策的落实，还会使党员干部在群众中失去公信力，甚至影响到党和政府的公信力。党员干部要正确处理公私关系，把惠民政策不折不扣地落实到群众中去，切实兜住民生底线，保障人民群众公平共享改革发展成果。

★ 条例链接

《中国共产党纪律处分条例》（2023年12月19日中共中央发布）

第一百二十四条　在社会保障、社会救助、政策扶持、救灾救济款物分配等事项中优亲厚友、明显有失公平的，给予警告或者严重警告处分；情节较重的，给予撤销党内职务或者留党察看处分；情节严重的，给予开除党籍处分。

68.
不得欺压群众或纵容涉黑涉恶活动

★ 核心要义

欺压群众或纵容涉黑涉恶活动,是对社会秩序与公共安全的严重践踏。一些党员干部与黑恶势力勾结,为其提供庇护,导致黑恶势力在市场垄断、强揽工程、欺行霸市等方面肆意妄为,严重扰乱经济社会秩序,危害群众生命财产安全。党员干部应自觉与涉黑涉恶行为划清界限,坚决打击黑恶势力及"保护伞",维护社会公平正义与群众合法权益,守护一方平安。

★ 纪律阐释

在部分地区,还存在宗族势力抬头、黑恶势力猖獗等现象,追根溯源,往往与当地少数党员干部的参与或纵容密切相关。从已查处的众多基层腐败案件来看,不少都与黑恶势力有着千丝万缕的牵连。这些行为严重破坏了社会秩序,损害了人民群众的根本利益。

有的党员干部不仅不依法履行职责、打击黑恶势力,反而与黑

纪律自觉养成课

恶势力成员长期交往。他们收受贿赂，为黑恶势力大开方便之门，充当"保护伞"，纵容黑恶势力在辖区内从事违法犯罪活动。有的党员干部帮助黑恶势力及其成员逃避查禁，采取通风报信、隐匿、毁灭、伪造证据等方式，帮助其逃避处罚，或者阻扰其他党员干部依法查禁。有的甚至在黑恶势力及其成员被查处后，仍利用职权帮助不予追究其刑事责任。有的党员干部为黑恶势力发展壮大在经济上提供帮助。与黑恶势力及其成员共同经商办企业，以本人或亲属名义，通过借款或入股方式参与其中，或者通过违法承揽工程项目、获取经营权等方式，为其攫取经济利益提供帮助。有的党员干部利用自身职权，为黑恶势力成员"站台"，以此提高"社会地位"，巩固和扩张其社会影响力。这些行为损害的是老百姓的切身利益，啃食的是人民群众的获得感，挥霍的是基层群众对党的信任。黑恶势力的存在，让群众生活在恐惧之中，正常的生产生活受到极大干扰。

2024年9月，根据党中央统一部署，由中央政法委牵头，全国扫黑除恶斗争领导小组成员单位参加，首次对各省区市开展扫黑除恶常态化中央督导。把打击锋芒始终对准人民群众反映最强烈、最深恶痛绝的各类黑恶势力违法犯罪，充分展示党中央有黑必扫、除恶务尽的决心。

《中国共产党纪律处分条例》将利用宗族或黑恶势力等欺压群众，或者纵容涉黑涉恶活动、为黑恶势力充当"保护伞"的行为，规定为违反群众纪律的行为，这为处分党员干部涉黑涉恶行为提供了明确的纪律依据。如果党员干部直接参与黑恶势力或者有其他与黑恶势力有关的行为涉嫌违法犯罪的，应当适用总则中纪法衔接条款处理。

党员干部要时刻牢记自己的身份和使命，坚决与黑恶势力划清界限，积极履行职责，守护群众的安全和利益。各级党组织也应加大对此类行为的查处力度，净化基层政治生态，维护社会和谐稳定、巩固党的执政基础。

★ 条例链接

《中国共产党纪律处分条例》（2023年12月19日中共中央发布）

第一百二十五条　利用宗族或者黑恶势力等欺压群众，或者纵容涉黑涉恶活动、为黑恶势力充当"保护伞"的，给予撤销党内职务或者留党察看处分；情节严重的，给予开除党籍处分。

69.

严禁不作为、乱作为、慢作为、假作为

★ 核心要义

勤政乃成事之要,是为官应有之义、必尽之责。现实中,一些党员干部面对群众诉求推诿扯皮、敷衍塞责,对政策执行随意变通、违规操作,对工作推进拖延懈怠、消极应付,甚至编造虚假政绩,欺上瞒下。这些行为均属于不作为、乱作为、慢作为、假作为,漠视和侵害群众利益,从根本上说是没有树立以人民为中心的发展思想,没有忠诚践行党的宗旨,破坏了党群干群关系,损害党同人民群众的血肉联系,影响党的执政基础。对此类行为,应当及时发现、坚决纠正、严肃查处。

★ 纪律阐释

我们党的最大政治优势是密切联系群众,党执政后的最大危险是脱离群众。我们党在任何时候都始终把群众利益放在第一位,同群众同甘共苦,保持最紧密的联系。任何党员干部都不能脱离群众,更不能凌驾于群众之上。然而，现实中却有部分党员干部对待群众态度恶劣，侵害群众利益，漠视群众诉求，存在不作为、乱作为、慢作为、假作为等不良现象。

一些地方，涉及群众生产、生活等切身利益的问题，明明依照政策或者有关规定能够解决，却因为部分干部庸懒无为、效率低下，导致问题长期得不到解决，给群众造成极大困扰，产生不良社会影响。比如，某老旧小区多年来一直存在排水管道老化堵塞的问题。每逢雨季，小区内便积水严重，居民出行困难。相关部门早就知晓此事，却相互推诿，始终未采取有效措施进行整改，使得居民苦不堪言，对政府部门的工作能力和态度非常不满。还有部分党员干部，对符合政策的群众诉求消极应付、推诿扯皮。群众前来办事，他们不是积极主动地提供帮助，而是以各种理由敷衍塞责，严重损害党群干群关系。比如，在一些基层政务服务窗口，群众为了办理某项业务，可能需要往返多次，遇到的不是"踢皮球"，就是"冷脸相待"。群众的时间和精力被白白浪费，对政府的不满情绪也逐渐滋生，甚至日益增加。更有甚者，有的干部对待群众态度恶劣、简单粗暴。在处理群众问题时，缺乏耐心和同理心，甚至与群众发生冲突，导致矛盾进一步激化。还有部分干部为了追求政绩，弄虚作假、欺上瞒下，损害了群众利益，导致好的政策无法精准落地，真正需要帮助的群众得不到应有的支持。

2023年修订的《中国共产党纪律处分条例》增加了对"慢作为、假作为"的处分规定，体现了党对这类问题的高度重视。党员干部要不忘初心、牢记使命，进一步密切与基层的联系，增进与群众的

纪律自觉养成课

感情,真抓实干、担当作为,切实解决好群众的问题,维护好群众的利益。党员干部只有心里装着群众,才能真正践行全心全意为人民服务的根本宗旨,以实际行动赢得群众的信任和支持,为实现中华民族伟大复兴凝聚强大力量。

★ 条例链接

《中国共产党纪律处分条例》(2023年12月19日中共中央发布)

第一百二十六条 有下列行为之一,对直接责任者和领导责任者,情节较重的,给予警告或者严重警告处分;情节严重的,给予撤销党内职务或者留党察看处分:

(一)对涉及群众生产、生活等切身利益的问题依照政策或者有关规定能解决而不及时解决,庸懒无为、效率低下,造成不良影响;

(二)对符合政策的群众诉求消极应付、推诿扯皮,损害党群、干群关系;

(三)对待群众态度恶劣、简单粗暴,造成不良影响;

(四)弄虚作假,欺上瞒下,损害群众利益;

(五)其他不作为、乱作为、慢作为、假作为等损害群众利益行为。

70.

不得侵犯群众知情权

★ **核心要义**

侵犯群众知情权，是指相关责任主体未按照规定公开应当公开的信息，从而损害了人民群众的知晓权利。公开透明是法治政府的基本特征。全面推进政务公开，让权力在阳光下运行，对于发展社会主义民主政治，提升国家治理能力，增强政府公信力执行力，保障人民群众知情权、参与权、表达权、监督权具有重要意义。不按规定对党务、政务、厂务、村（居）务等事务进行公开，均属于侵犯群众知情权，违反党的群众纪律。党员干部应充分认识到群众知情权的重要性，及时、全面、准确地公开政务信息，主动接受群众监督，保障群众在公共事务中的知情权与监督权，增进群众对政府工作的认同与支持，促进社会和谐发展。

★ **纪律阐释**

党的二十大报告指出，"必须坚定不移走中国特色社会主义政治

纪律自觉养成课

发展道路，坚持党的领导、人民当家作主、依法治国有机统一，坚持人民主体地位，充分体现人民意志、保障人民权益、激发人民创造活力"；"完善办事公开制度，拓宽基层各类群体有序参与基层治理渠道，保障人民依法管理基层公共事务和公益事业"。实行党务、政务、厂务、村（居）务等事务公开，把权力放在阳光之下，置于群众监督之中，使人们了解权力运行的规定，看清权力运行的程序和结果，切实保障人民群众的知情权、参与权、表达权、监督权，对于推进基层民主建设，密切党群干群关系，巩固党的执政基础和执政地位，具有重要意义。

在实际工作中，有些党员干部工作粗枝大叶，对信息公开工作不够重视，导致该公开的信息没有及时、准确地公开；有些心存猫腻，担心公开后会暴露问题，所以故意隐瞒；还有些是私心作祟，为了谋取私利或保护某些不正当利益，不敢让群众知晓相关情况，将群众必须知道的一些事项隐藏起来。例如，某村在进行集体土地流转时，村干部未按照规定将土地流转的具体方案、价格、受让方等信息进行公开公示。村民对土地流转情况一无所知，剥夺了村民对土地流转的知情权和参与权，引起村民的强烈不满，导致当地党群干群关系紧张。党员干部要持续强化党建引领，提升履职能力，保障群众知情权、参与权、表达权和监督权，激发群众参与基层治理的内生动力。

此条违纪行为构成要注意三点：一是应该公开而不公开的，这是判断违纪的关键；二是后果情节属较重及以上的，要根据具体情况判断其影响程度；三是除追究直接责任者，还要追究领导责任者，确保责任落实到位。如果是情节轻微的，可作批评教育处理。

★ 条例链接

《中国共产党纪律处分条例》(2023 年 12 月 19 日中共中央发布)

第一百二十八条　不按照规定公开党务、政务、厂务、村（居）务等，侵犯群众知情权，对直接责任者和领导责任者，情节较重的，给予警告或者严重警告处分；情节严重的，给予撤销党内职务或者留党察看处分。

工作纪律

71.

新官不能不理旧账

★ 核心要义

"新官不理旧账",是指一些党员领导干部以岗位调整为借口,对一些历史欠账、遗留问题视而不见、久拖不决甚至"击鼓传花"的现象,其本质是回避矛盾、不负责任。这些问题表面看起来是"旧账",实际上接手它、解决它本身就是新任党员领导干部的职责。新上任的党员领导干部不仅要接过权力,更要接下责任,一任接着一任干,在直面问题、解决"旧账"中建立"新功"。

★ 纪律阐释

新官不理旧账,不仅影响工作的连续性,更严重损害党和政府的公信力。实际工作中,一些党员领导干部到任新岗位后,面对前任留下的棘手问题,不是积极主动去解决,而是不管不问、借故推脱。比如,在城市建设领域,有的地区存在因前任领导规划失误导致的烂尾项目,不仅占用大量土地资源,还影响城市形象。新任领

纪律自觉养成课

导到任后,担心处理这些问题会给自己带来麻烦,便将其搁置一旁。这种行为看似避开了难题,实则让问题越积越深,危害党、国家和人民利益,给公共财产造成重大损失。

"新官不理旧账",看似是工作交接的问题,实则反映出部分干部缺乏担当精神。在一些地方,新领导到任后,对前任领导定好的规划、承诺的事项等以各种理由推脱不管,"旧账"变成"糊涂账""乱账""死账",这不仅破坏地方营商环境,打击企业投资信心,更损害党和政府公信力,让群众对政府的信任大打折扣。新领导到任后,应秉持对工作负责、对人民负责的态度,主动梳理前任遗留工作,依法依规妥善处理各类"旧账",维护政策的连续性与政府的诚信形象,推动地方经济持续稳定发展。

2023年修订的《中国共产党纪律处分条例》对"党员领导干部对于到任前已经存在且属于其职责范围内的问题,消极回避、推卸责任,造成严重损害或者严重不良影响的"行为作出明确的处理处分规定,为精准施治"新官不理旧账"行为提供了纪律依据。既形成了约束,也为干部啃硬骨头撑腰鼓劲。不少地方以此为准绳,放下包袱,大刀阔斧推进改革,解决了一大批历史遗留问题、老大难问题。对于"新官不理旧账"的一般性问题,及时纠正、督促整改至关重要。但如果构成违纪违法,就要结合造成的不良影响或后果,准确区分责任,依规依纪依法严肃处理。

党员领导干部要牢记我是谁、为了谁、依靠谁,树立正确政绩观,坚持干在实处、务求实效。面对职责范围内的问题,无论新旧,都要主动承担起解决问题的责任,积极履职尽责,勇于担当作为,立足岗位作出贡献，努力创造经得起历史和人民检验的工作实绩。

★ 条例链接

《中国共产党纪律处分条例》（2023年12月19日中共中央发布）

第一百三十条　工作中不负责任或者疏于管理，贯彻执行、检查督促落实上级决策部署不力，给党、国家和人民利益以及公共财产造成较大损失的，对直接责任者和领导责任者，给予警告或者严重警告处分；造成重大损失的，给予撤销党内职务、留党察看或者开除党籍处分。

党员领导干部对于到任前已经存在且属于其职责范围内的问题，消极回避、推卸责任，造成严重损害或者严重不良影响的，依照前款规定处理。

72.

工作中要敢于斗争、勇于担当

★ 核心要义

新时代是奋斗者的时代,不敢斗争是没有前途的,畏难懈怠是没有未来的。当前,在一些党员干部中,不愿斗争、不敢斗争、不会斗争的问题还不同程度存在。如果遇到矛盾惊慌失措,遇见斗争直打摆子,不担当不作为,不仅成不了事,而且注定坏事、贻误大事。党员干部任何时候都不能丢掉革命加拼命的精神,不能丢掉不畏强敌、不惧风险、敢于斗争、勇于胜利的风骨。要不断增强志气、骨气、底气,不信邪、不怕鬼,压不垮、难不倒,永葆充沛饱满的斗争精神,百折不挠、一往无前,以昂扬姿态做好党和国家各项工作。

★ 纪律阐释

敢于斗争、勇于担当是党员干部的职责所在,也是共产党人不可战胜的强大精神力量。推进伟大事业、实现伟大目标,任何时候都不能丢掉担当和斗争精神。

习近平总书记强调："干部敢于担当作为，这既是政治品格，也是从政本分。"党的二十大报告指出："加强干部斗争精神和斗争本领养成，着力增强防风险、迎挑战、抗打压能力，带头担当作为，做到平常时候看得出来、关键时刻站得出来、危难关头豁得出来。"回顾党的历史，无论是革命战争年代，还是和平建设时期，我们党能够不断战胜强大敌人和各种艰难险阻，不断取得伟大胜利和辉煌成就，靠的是一代代共产党人敢于担当、英勇斗争。然而，在实际工作中，仍有部分党员干部缺乏担当和斗争精神。他们面对工作中的矛盾和问题，畏首畏尾，不敢迎难而上；遇到重大矛盾冲突、危机困难，临阵退缩。满足于做太平官、作"躺平"状，遇到矛盾绕道走、碰到难题往上交、面对危机向后躲，这些都与我们党敢于斗争的鲜明品格背道而驰。

2023年修订的《中国共产党纪律处分条例》，立足引导党员敢于担当、积极作为，在工作纪律中增加对"不敢斗争、不愿担当，面对重大矛盾冲突、危机困难临阵退缩"行为的处分规定。党员干部要磨炼意志、增长本领，必须主动投身到困难大、矛盾多的地方。在工作实践中提升技能水平，在挑战中增强防范化解各种风险的本领，在调查研究中培养应对新形势、掌握新情况、破解新难题的能力，锤炼担当作为的硬脊梁、铁肩膀、真本事，肩负起党和人民赋予的神圣使命。

纪律自觉养成课

★ 条例链接

《中国共产党纪律处分条例》（2023年12月19日中共中央发布）

第一百三十一条 工作中不敢斗争、不愿担当，面对重大矛盾冲突、危机困难临阵退缩，造成不良影响或者严重后果的，给予警告或者严重警告处分；情节严重的，给予撤销党内职务、留党察看或者开除党籍处分。

73.

不得搞形式主义、官僚主义

★ 核心要义

形式主义、官僚主义严重违背我们党的性质、立场和宗旨。形式主义实质是主观主义、功利主义,根源是政绩观错位、责任心缺失,用轰轰烈烈的形式代替了扎扎实实的落实,用光鲜亮丽的外表掩盖了矛盾和问题;官僚主义实质是封建残余思想作祟,根源是官本位思想严重、权力观扭曲,做官当老爷,高高在上,脱离群众,脱离实际。反对形式主义,重在解决作风飘浮、工作不实,文山会海、表面文章,贪图虚名、弄虚作假等问题。反对官僚主义,重在解决脱离实际、脱离群众,消极应付、推诿扯皮,作风霸道、迷恋特权等问题。党员干部要树立正确政绩观,深入实际、深入基层、深入群众,真抓实干,自觉摒弃和抵制形式主义、官僚主义,切实改进工作作风、提高工作效能。

纪律自觉养成课

★ 纪律阐释

党的十八大以来，以习近平同志为核心的党中央严厉整治形式主义、官僚主义，坚决查处表态多调门高、口号喊得响、行动不落实，不作为、乱作为、慢作为、假作为等问题。同时，开展"指尖上的形式主义"专项整治，持续为基层减负，使得形式主义、官僚主义问题得到遏制和治理。但也要看到，形式主义、官僚主义是顽瘴痼疾，具有顽固性和反复性，仍然存在禁而未绝、改头换面的情况。有的地方在落实政策时，热衷于搞舆论造势，工作浮于表面；有的部门单纯以会议贯彻会议、以文件落实文件，在实际工作中却不见行动；有的领导干部脱离实际，调查研究搞形式、走过场，随意决策、机械执行，给工作带来严重损失；有的违反精文减会规定搞文山会海，在督查检查考核中层层加码、过度留痕，增加基层工作负担等问题时有发生。

2023年修订的《中国共产党纪律处分条例》针对党员群众反映强烈的搞形式主义、官僚主义的典型表现，在第一百三十二条新增规定了三种具体情形，包括：脱离实际，不作深入调查研究，搞随意决策、机械执行；违反精文减会有关规定搞文山会海；在督查检查考核等工作中搞层层加码、过度留痕，增加基层工作负担。这些情形，直指部分党员干部作风飘浮、责任心缺失、官本位思想作祟等突出问题。党员干部要充分认识形式主义、官僚主义的危害，自觉摒弃和抵制形式主义、官僚主义，在各项工作中深入实际、深入基层、深入群众，在出实招、办实事、求实效上下功夫，以求真务实的工作作风取信于民，推进事业发展。

★ 条例链接

《中国共产党纪律处分条例》（2023年12月19日中共中央发布）

第一百三十二条　有下列行为之一，造成严重损害或者严重不良影响的，对直接责任者和领导责任者，给予警告或者严重警告处分；情节较重的，给予撤销党内职务或者留党察看处分；情节严重的，给予开除党籍处分：

（一）热衷于搞舆论造势、浮在表面；

（二）单纯以会议贯彻会议、以文件落实文件，在实际工作中不见诸行动；

（三）脱离实际，不作深入调查研究，搞随意决策、机械执行；

（四）违反精文减会有关规定搞文山会海；

（五）在督查检查考核等工作中搞层层加码、过度留痕，增加基层工作负担；

（六）工作中其他形式主义、官僚主义行为。

纪律自觉养成课

74.

要正确履行用餐管理职责

★ 核心要义

根据《党政机关厉行节约反对浪费条例》和《关于厉行节约反对食品浪费的意见》等规定，党政机关和国有企事业单位在杜绝公务活动用餐浪费、推进单位食堂节俭用餐等方面，负有宣传教育、日常管理、监督检查等重要职责。实践中，有的地方和单位在食堂采购、做餐、配餐等环节管理粗放，对就餐人员浪费行为不抓不管，餐饮浪费问题严重，干部群众反映强烈。党政机关、国有企事业单位党组织和负有管理职责的党员、干部，要认真履行相应职责，深入推进厉行节约反对食品浪费工作。对"在公务活动用餐、单位食堂用餐管理工作中不履行或者不正确履行宣传教育、监督管理职责，导致餐饮浪费，造成严重不良影响"的，将被给予相应的纪律处分。

★ 纪律阐释

党的十八大以来，从中央到地方都采取了多项措施减少粮食浪费。从制定中央八项规定及其实施细则、出台并修订《党政机关厉行节约反对浪费条例》、制定《中华人民共和国反食品浪费法》、推出《粮食节约和反食品浪费行动方案》，到清理整顿"舌尖上的浪费""酒桌上的应酬"等突出问题，再到启动节俭养德全民节约行动、大力推广"光盘行动"等，"舌尖上的浪费"现象有所改观，特别是群众反映强烈的公款餐饮浪费行为得到有效遏制。

同时要看到，从日常餐饮到社会生活各领域，一些地方和环节的浪费现象仍不同程度存在。制止餐饮浪费需要久久为功，防止反弹，要坚持不懈抓下去。习近平总书记指出："要加强立法，强化监管，采取有效措施，建立长效机制，坚决制止餐饮浪费行为。"杜绝餐饮浪费必须坚持标本兼治，在推行科学文明餐饮消费模式的同时，要以刚性的制度约束、严格的制度执行、强有力的监督检查、严厉的惩戒机制，不断强化制止餐饮浪费行为的"硬约束"，如此才能让反对餐饮浪费成为全社会的自觉行动。

2023年修订的《中国共产党纪律处分条例》第一百三十三条针对"在公务活动用餐、单位食堂用餐管理工作中不履行或者不正确履行宣传教育、监督管理职责，导致餐饮浪费，造成严重不良影响的"行为，新增了处理处分规定。遏制餐饮浪费，既要持之以恒、久久为功，也要坚持全周期管理、全链条发力。常抓不懈、常抓常新，坚决制止餐饮浪费行为，定能更好营造"人人讲节约、处处见行动"的良好氛围，让"浪费可耻、节约为荣"蔚然成风。

纪律自觉养成课

★ 条例链接

《中国共产党纪律处分条例》（2023年12月19日中共中央发布）

第一百三十三条　在公务活动用餐、单位食堂用餐管理工作中不履行或者不正确履行宣传教育、监督管理职责，导致餐饮浪费，造成严重不良影响的，对直接责任者和领导责任者，给予警告或者严重警告处分；情节严重的，给予撤销党内职务处分。

75.

严禁不履行或者不正确履行信访工作职责

★ 核心要义

信访工作是党和政府密切联系群众的桥梁和纽带。信访无"小事",每一件都关乎群众切身利益。我国信访制度有力维护和实现人民合法权益,体现了我们党全心全意为人民服务的根本宗旨。各级党委和政府以外的其他机关、单位应当做好各自职责范围内的信访工作,按照规定及时受理、办理信访事项,切实把信访工作做到群众心坎上,更好为群众服务。

★ 纪律阐释

信访工作作为党的群众工作的重要组成部分,是党和政府了解民情、集中民智、维护民利、凝聚民心的一项重要工作,是各级机关、单位及其领导干部、工作人员接受群众监督、改进工作作风的重要途径。在新时代新征程中,要深入研究和准确把握新形势下群众工作、信访工作的特点和规律,不断改进群众工作方法,提高群众工

纪律自觉养成课

作水平，用心用情做好信访工作。

各级党委和政府信访部门是开展信访工作的专门机构，承担多项重要职责，包括受理、转送、交办信访事项，协调解决重要信访问题，督促检查重要信访事项的处理和落实等。然而，在实际工作中，部分工作人员未能正确履行职责，导致一些信访事项未能及时解决。例如，有的对群众反映的问题不重视，不按照规定受理、办理信访事项，对群众的诉求敷衍塞责，使得小问题拖成大问题；有的在面对规模性集体访时处置不力，导致事态扩大，影响社会稳定；有的对党委和政府信访部门提出的改进工作、完善政策等建议重视不够、落实不力，导致问题长期得不到解决。

2023年修订的《中国共产党纪律处分条例》增加了对"不履行或者不正确履行职责，导致信访事项发生"行为的处分规定。根据《信访工作条例》的规定，"不履行或者不正确履行职责"，包括超越或者滥用职权，应当作为而不作为，适用法律、法规错误或者违反法定程序，侵害公民、法人或者其他组织合法权益，或者拒不执行有权处理机关、单位作出的支持信访请求意见。党组织和党员、干部要认真履行信访工作职责，切实解决好群众合理合法的利益诉求，使信访工作真正成为党和政府与人民群众的"连心桥"。

★ 条例链接

《中国共产党纪律处分条例》（2023年12月19日中共中央发布）

第一百三十五条 在信访工作中，有下列行为之一，造成不良影响或者严重后果的,对直接责任者和领导责任者,给予警告或者严重警告处分;情节较重的,给予撤销党内职务或者留党察看处分;情节严重的,给予开除党籍处分:

(一)不按照规定受理、办理信访事项;

(二)对规模性集体访等处置不力,导致事态扩大;

(三)对党委和政府信访部门提出的改进工作、完善政策等建议重视不够、落实不力,导致问题长期得不到解决;

(四)其他不履行或者不正确履行信访工作职责行为。

不履行或者不正确履行职责,导致信访事项发生,造成不良影响或者严重后果的,对直接责任者和领导责任者,依照前款规定处理。

76.
对受处分党员要做好日常教育、管理和监督工作

★ 核心要义

维护和执行党的纪律是一项综合的系统工程，特别是对违纪党员，决不能处分完就没事了，日常还要加强监督教育管理，不能对受处分党员放任不管，使其处于脱管状态。尤其是对受到留党察看处分的党员，其在留党察看期间的表现是"有悔改表现"，还是"坚持不改"，甚至"又发现其他违纪行为"，直接关系期满后如何处理的问题，党组织必须通过要求其定期上交思想汇报、派专人与其谈心交流等方式，切实担负起教育管理监督的职责。对于受到其他党纪处分的党员，同样也要加强管理教育和监督，督促他们认真改正错误，努力学习提高，勤勉工作，争取做一个合格的党员。

★ 纪律阐释

党员受到党纪处分后，党组织应按照干部管理权限和组织关系

对受处分党员开展日常教育、管理和监督工作，这是党的纪律的明确要求。若党组织在执行党纪时失职，对直接责任者和领导责任者将视情节给予相应的党纪处分。

实践中，有的党组织为规避党纪处分影响期内不得晋升职务等规定，对被立案审查的党员在未作出处分决定前进行提拔或进一步使用，在干部群众中造成恶劣影响；有的对被依法追究刑事责任该给党纪处分的不处分，造成"带着党籍蹲监狱"现象；有的不落实处分决定，该降低工资待遇的不降低，使得处分决定"打白条"；有的对受到留党察看处分的党员不管不问，没有要求其定期上交思想汇报，也没有派人与其谈心交流，直接影响了期满后的处理。

2023年修订的《中国共产党纪律处分条例》增加了对"党员被立案审查期间，擅自批准其出差、出国（境）、辞职"等行为的处分规定，同时将第（二）项中的"判处刑罚"改为"追究刑事责任"。这些调整进一步完善了对党组织在党员管理方面的纪律要求，确保党的纪律得到严格执行，维护党的先进性和纯洁性。

★ 条例链接

《中国共产党纪律处分条例》（2023年12月19日中共中央发布）

第一百三十六条　党组织有下列行为之一，对直接责任者和领导责任者，情节较重的，给予警告或者严重警告处分；情节严重的，给予撤销党内职务或者留党察看处分：

（一）党员被立案审查期间，擅自批准其出差、出国（境）、辞职，或者对其交流、提拔职务、晋升职级、进一步使用、奖励，或者办理退休手续；

（二）党员被依法追究刑事责任后，不按照规定给予党纪处分，或者对党员违反国家法律法规的行为，应当给予党纪处分而不处分；

（三）党纪处分决定或者申诉复查决定作出后，不按照规定落实决定中关于被处分人党籍、职务、职级、待遇等事项；

（四）党员受到党纪处分后，不按照干部管理权限和组织关系对受处分党员开展日常教育、管理和监督工作。

77.

切勿滥用问责

★ 核心要义

问责是管党治党的利剑,也是一把"双刃剑"。问准了,警醒一片;问偏了,则会打压一片。实践中,有的地方和部门把视线停留在一些细枝末节上,对党员干部工作中的微小过失、影响有限的行为进行问责,导致问责泛化;有的地方和部门搞"责任甩锅",把问责作为推卸责任的"挡箭牌"。如此种种,不仅严重影响了问责的严肃性和权威性,还挫伤了干部干事创业的积极性。严肃问责,要依据事实,严格依规依纪、严格程序要求、严格把握政策,不能随意、随性。

★ 纪律阐释

落实全面从严治党政治责任,问责利器不可或缺。严肃有效问责有利于促使各级党组织、党的领导干部认真负责守责尽责、践行忠诚干净担当;问责不力、泛化简单化,则会削弱问责工作的警示作用，影响干部干事创业的积极性。

在执纪执法工作中，还存在一定的问责泛化、简单化问题，比如在问责对象上，问下不问上，过多指向基层干部；在问责程序上，求快不求准，随意简省调查流程；在问责处理上，简单粗暴，搞"一刀切"；在问责效果上，只问责不管理，依赖问责推动工作。只有实施规范精准问责，才能真正问出对组织的忠诚、对事业的担当、对责任的清醒、对权力的敬畏。各级要以强烈的政治担当把问责工作抓紧抓实，做到严肃问责、规范问责、精准问责、慎重问责。

《中国共产党问责条例》明确规定，党组织、党的领导干部滥用问责，或者在问责工作中严重不负责任，造成不良影响的，应当严肃追究责任。2023年修订的《中国共产党纪律处分条例》与问责条例相衔接，增加了对"滥用问责，或者在问责工作中严重不负责任"行为的处分规定，有助于推动问责工作规范化、精准化，营造风清气正的政治生态和干事创业的良好氛围。党组织和党员领导干部要严格执行问责条例，坚持实事求是、权责一致、错责相当的基本原则，准确把握问责对象、责任类型、问责情形和程序要求，分清责任、定准责任，力求取得"问责一个、警醒一片、促进一方工作"的良好效果。

★ 条例链接

《中国共产党纪律处分条例》（2023年12月19日中共中央发布）

第一百三十七条　滥用问责，或者在问责工作中严重不负责任，造成不良影响的，对直接责任者和领导责任者，给予警告或者严重警告处分；情节严重的，给予撤销党内职务处分。

纪律自觉养成课

78.

严禁统计造假

★ 核心要义

统计数据是国家宏观调控和科学决策管理的重要依据，统计造假具有极端危害性。在一些地方，党员干部正确政绩观树得还不牢固，党员干部违法干预统计工作问题仍有发生。统计造假严重违反统计法，严重影响统计数据质量，干扰甚至误导宏观决策，违背党的实事求是思想路线和求真务实工作作风，损害党和政府公信力。《中国共产党纪律处分条例》专门就统计造假应当受到的处分作出明确规定，极大强化了防治统计造假的制度刚性和纪律约束，为防惩统计造假问题提供了坚强纪律保障。

★ 纪律阐释

统计数据是经济社会发展的"晴雨表"，统计数据反映经济运行状况，是党委、政府科学决策的重要依据。统计造假，误导决策，阻碍发展。

根据《中华人民共和国统计法》和《中华人民共和国统计法实施条例》，进行统计造假的行为表现主要有：自行修改统计机构和统计人员依法搜集、整理的统计资料；要求统计机构、统计人员及其他机构、人员伪造、篡改统计资料；对依法履行职责或者拒绝、抵制统计违法行为的统计人员打击报复；非法干预统计调查对象提供统计资料等。对统计造假失察的行为表现主要有：本地方、本部门、本单位大面积发生或者连续发生统计造假、弄虚作假；本地方、本部门、本单位统计数据严重失实，应当发现而未发现；发现本地方、本部门、本单位统计数据严重失实不予纠正等。

统计造假违纪主体包括直接责任者和领导责任者。直接责任者是指在其职责范围内，不履行或者不正确履行自己的职责，对统计造假起决定性作用的党员或者党员领导干部。领导责任者分为主要领导责任者和重要领导责任者，主要领导责任者是指在其职责范围内，对主管的工作不履行或者不正确履行职责，对统计造假负直接领导责任的党员领导干部；重要领导责任者是指在其职责范围内，对应管的工作或者参与决定的工作不履行或者不正确履行职责，对统计造假负次要领导责任的党员领导干部。

2023年修订的《中国共产党纪律处分条例》将进行统计造假和对统计造假失察行为纳入违反党的工作纪律行为的处分范畴，对于防治统计造假、提高统计质量具有重要意义。各地方、部门、单位要依法依规开展统计工作，切实保障统计数据质量，营造良好统计生态。

条例链接

《中国共产党纪律处分条例》（2023年12月19日中共中央发布）

第一百三十九条　进行统计造假，对直接责任者和领导责任者，情节较轻的，给予警告或者严重警告处分；情节较重的，给予撤销党内职务或者留党察看处分；情节严重的，给予开除党籍处分。

对统计造假失察，造成严重后果的，对直接责任者和领导责任者，给予警告或者严重警告处分；情节严重的，给予撤销党内职务、留党察看或者开除党籍处分。

79.
严禁不报告、不如实报告工作情况

★ 核心要义

党的各级组织和全体党员必须如实向党反映和报告情况,反对弄虚作假、虚报浮夸,反对隐瞒实情、报喜不报忧。领导机关和领导干部不得以任何理由和名义纵容、唆使、暗示或强迫下级说假话。在上级检查、视察工作或者向上级汇报、报告工作时对应当报告的事项不报告或者不如实报告,在上级检查、视察工作或者向上级汇报、报告工作时纵容、唆使、暗示、强迫下级说假话、报假情的,视情节轻重给予党纪处分。

★ 纪律阐释

如果向上级报告工作只报喜不报忧甚至说假话、报假情,导致上级情况不明、底数不清,则可能导致出台的政策脱离实际,造成不可估量的后果。实践中,有的党组织和党员干部出于各种原因选择不报告或不如实报告。比如,有的为了谋取上级的肯定和赞许,

纪律自觉养成课

不惜上报假情况、假数字、假典型；有的为了应付检查，采取无中生有、移花接木等手段虚报工作业绩；有的害怕担责，对工作问题隐瞒不报。这些行为严重破坏工作检查的严肃性和公正性，违反党的工作纪律。

党员和党组织在接受上级检查、视察，或向上级汇报、报告工作时，必须实事求是，做到一是一、二是二，如实报告工作情况，既讲成绩又讲问题，确保上级能够获取真实、准确的信息，作出科学合理的决策。

★ 条例链接

《中国共产党纪律处分条例》（2023年12月19日中共中央发布）

第一百四十条　在上级检查、视察工作或者向上级汇报、报告工作时对应当报告的事项不报告或者不如实报告，造成严重损害或者严重不良影响的，对直接责任者和领导责任者，给予警告或者严重警告处分；情节严重的，给予撤销党内职务或者留党察看处分。

在上级检查、视察工作或者向上级汇报、报告工作时纵容、唆使、暗示、强迫下级说假话、报假情的，从重或者加重处分。

80.
不得违规干预和插手市场经济活动

★ 核心要义

违规干预和插手市场经济活动,会破坏市场公平竞争环境。有的党员干部利用职权,在建设工程招投标、土地出让、房地产开发等经济活动中,违规干预插手,扰乱市场秩序,损害其他市场主体利益,阻碍经济社会发展,危害一方政治生态和营商环境。党员干部应尊重市场经济规律,严守权力边界,不得利用职务或者职务上的影响干预和插手市场经济活动,影响市场经济活动正常开展。

★ 纪律阐释

违规干预和插手市场经济活动的根本原因,在于个别党员干部官本位思想严重,纪法意识不强。违规干预和插手市场经济活动,通常发生在资金密集、权力集中、审批环节多的领域,以向相关部门及其人员采取暗示、授意、打招呼、批条子、指定、强令等方式进行干预和插手。比如,有的党员干部利用职权为特定企业大开方

纪律自觉养成课

便之门，干预工程建设项目招投标活动，影响评标、中标结果；有的在政府采购工作中，要求有关部门违反招标投标法和政府采购法的有关规定，进行物资采购；有的通过说情、打招呼等方式，将不符合审批条件的项目或资质进行违规审批通过；有的擅自个人决定，将集体资金、资产无偿或以极低的价格租赁给他人长期使用。

为维护社会主义市场经济秩序，防范公共权力不当干预市场经济活动，2023年修订的《中国共产党纪律处分条例》明确将干预和插手市场经济活动行为界定为违纪行为，并将处分对象由"党员领导干部"扩展到全体党员。无论是干预建设工程项目承发包、国有企业重组改制，还是干预和插手批办行政许可、经济纠纷等行为，都将依情节轻重受到相应的党纪处分。党员干部要严守党纪国法，尊重市场规律、维护市场规则，营造良好的市场环境，促进经济社会健康发展。

★ 条例链接

《中国共产党纪律处分条例》（2023年12月19日中共中央发布）

第一百四十一条 违反有关规定干预和插手市场经济活动，有下列行为之一，情节较轻的，给予警告或者严重警告处分；情节较重的，给予撤销党内职务或者留党察看处分；情节严重的，给予开除党籍处分：

（一）干预和插手建设工程项目承发包、土地使用权出让、政府采购、房地产开发与经营、矿产资源开发利用、中介机构服务等

活动;

（二）干预和插手国有企业重组改制、兼并、破产、产权交易、清产核资、资产评估、资产转让、重大项目投资以及其他重大经营活动等事项;

（三）干预和插手批办各类行政许可和资金借贷等事项;

（四）干预和插手经济纠纷;

（五）干预和插手集体资金、资产和资源的使用、分配、承包、租赁等事项。

纪律自觉养成课

81.
不得违规干预和插手司法及执纪执法活动

★ 核心要义

党员干部利用自己的职权或职务上的影响,对案件的办理施加影响,属于违规干预和插手司法活动的行为。违规干预和插手执纪执法活动,不仅侵害职务行为的正当性,还严重影响纪检监察机关的公信力和执纪执法的权威性、严肃性,影响党的形象,损害党同人民群众的血肉联系。党员干部要加强纪律学习,自觉做到依规依纪依法公正用权。

★ 纪律阐释

公正司法是维护社会公平正义的最后一道防线。依法行政、严格执法关系人民群众的切身利益,也关系党和政府的公信力。

违规干预和插手司法活动、执纪执法活动主要表现为:在线索核查、立案、审查调查、侦查、审查起诉、审判、执行等环节为案件当事人请托说情,或者授意、纵容身边工作人员或亲属为案件当事人请托说情；要求办案人员或办案单位负责人私下会见案件当事人或其辩护人、诉讼代理人、近亲属以及其他与案件有利害关系的人；为了地方利益或者部门利益，以听取汇报、开协调会、发文件等形式，超越职权对案件处理提出倾向性意见或者具体要求；违规为案件当事人或其辩护人、诉讼代理人、亲属转递涉案材料；违规为案件当事人或其辩护人、诉讼代理人、亲属打探案情、通风报信等。这些行为影响司法活动和执纪执法活动的公正性，破坏党纪国法的权威性。

党员干部应当带头遵守宪法法律，维护司法权威，支持司法机关依法独立公正行使职权。任何人都不得要求司法机关违反法定职责或法定程序处理案件，都不得要求司法机关做有碍司法公正的事情。

需要强调的是，违规干预和插手司法活动、执纪执法活动行为，不要求情节达到一定严重程度，也不要求导致徇私枉法的结果。只要实施了此类行为，就侵害了司法机关、执纪执法机关的正常管理活动，就构成违纪。《中国共产党纪律处分条例》对此类行为作出明确的处分规定，旨在通过严格的纪律约束，杜绝党员干部违规干预和插手司法及执纪执法活动，维护法治的尊严和权威，保障人民群众的合法权益，确保司法和执纪执法活动的公正性和独立性。

★ 条例链接

《中国共产党纪律处分条例》（2023年12月19日中共中央发布）

第一百四十二条 违反有关规定干预和插手司法活动、执纪执

纪律自觉养成课

法活动,向有关地方或者部门打听案情、打招呼、说情,或者以其他方式对司法活动、执纪执法活动施加影响,情节较轻的,给予严重警告处分;情节较重的,给予撤销党内职务或者留党察看处分;情节严重的,给予开除党籍处分。

违反有关规定干预和插手公共财政资金分配、项目立项评审、功勋荣誉表彰奖励等活动,造成重大损失或者不良影响的,依照前款规定处理。

82.
严禁不按照规定报告或者登记干预和插手行为

★ **核心要义**

不按照规定报告登记干预和插手行为，违反党的工作纪律。请托人存在《中国共产党纪律处分条例》第一百四十一条、第一百四十二条规定的违规干预和插手行为的，受请托人要自觉遵守相关规定，对违规干预和插手行为该抵制的要抵制、该报告的要报告、该登记的要登记，从而全链条、体系化纠治违规干预和插手行为，形成促进依规依纪依法行使职权的整体合力。

★ **纪律阐释**

对于工程建设、干部选拔任用、执纪执法等领域的干预和插手行为，受请托的党员干部应按照相关规定如实记录、报告或登记。不按规定报告和登记请托人的干预和插手行为，客观上助长请托人肆意干预和插手行为，滋生权钱交易、权权交易风险。增设对受请托人的纪律处分，能够及时切断权力寻租和利益交换链条，防止腐

纪律自觉养成课

败行为潜滋暗长，持续推动全面从严治党向纵深发展。

《关于新形势下党内政治生活的若干准则》指出，党的各级组织和领导干部必须严格在宪法法律范围内活动，自觉按法定权限、规则、程序办事，决不能以言代法、以权压法、徇私枉法，决不能违规干预司法。《中国共产党党内监督条例》明确，建立健全党的领导干部插手干预重大事项记录制度，发现利用职务便利违规干预干部选拔任用、工程建设、执纪执法、司法活动等问题，应当及时向上级党组织报告。《中共中央关于加强对"一把手"和领导班子监督的意见》进一步强调，对领导班子成员存在违规干预干部选拔任用、工程建设、执法司法等问题的，受请托人应当及时向所在部门和单位党组织报告。领导班子和领导干部对来自其他领导干部家属亲友的违规干预行为应当坚决抵制，及时向党组织报告。不按要求报告的，依规依纪严肃追究责任。

2023年修订的《中国共产党纪律处分条例》增加了对"按照有关规定对干预和插手行为负有报告和登记义务的受请托人，不按照规定报告或者登记"行为的处分规定，进一步明晰了不按规定报告和登记行为的违规性和查处依据，强化了对此类行为严肃处理的鲜明态度。对不按规定报告或者登记他人干预和插手行为的查处，压实了受请托人如实登记和报告的义务，有利于从源头上减少干预和插手行为。

条例链接

《中国共产党纪律处分条例》（2023年12月19日中共中央发布）

第一百四十三条　按照有关规定对干预和插手行为负有报告和登记义务的受请托人，不按照规定报告或者登记，情节较重的，给予警告或者严重警告处分；情节严重的，给予撤销党内职务处分。

83.

严禁泄露组织秘密

★ 核心要义

自觉遵守保密纪律是党员干部的义务，也是党纪国法的要求。党章明确党员必须"严格保守党和国家的秘密"，"严守党的纪律，保守党的秘密"是每名党员在入党宣誓时的郑重承诺。泄露组织秘密不仅对干部选拔任用、审查调查、巡视巡察等工作造成干扰，还会给后续工作带来极大困难，增加其难度和成本。

★ 纪律阐释

无论是选人用人工作、纪律审查工作，还是巡视巡察等工作，都有严肃的工作纪律和保密纪律。有的党员干部无视纪律要求，甚至将履职过程中获取的内部消息变为借机敛财的机会，把工作秘密当成以权谋私、权钱交易的"筹码"。有的保密意识不强、思想上不重视，造成失泄密问题。党员干部必须增强原则性和纪律性，不得打探泄露组织秘密，也不得私存私放有关材料。

干部选拔任用,关乎党的事业兴衰成败。泄露、扩散或者打探、窃取党组织关于干部选拔任用等应当保密的内容,严重影响工作的秩序,严重损害党的形象,为党内法规所明令禁止。从事组织、人事工作的党员干部,严守工作秘密是基本职业操守。《党政领导干部选拔任用工作条例》规定,选拔任用党政领导干部,不准私自泄露研判、动议、民主推荐、民主测评、考察、酝酿、讨论决定干部等有关情况。这一规定从制度层面保障了干部选拔任用工作的严谨性和公正性。泄露、打探干部选拔任用事项,破坏干部选拔任用工作的公正性与严肃性。在干部选拔任用过程中,一些人出于个人目的,泄露选拔标准、考察情况等信息,或是四处打探消息,干扰正常选拔流程。这不仅影响干部队伍建设,让真正优秀的干部难以脱颖而出,还容易滋生不正之风,损害党在干部选拔任用工作中的公信力。

在纪律审查、巡视巡察工作中,每一个细节都可能影响案件查办和监督工作的走向。若审查人员、巡视巡察干部随意泄露有关保密事项,不仅可能导致监督对象销毁证据、逃避责任,还会使群众对纪律审查、巡视巡察工作的严肃性产生质疑。《中国共产党纪律检查机关监督执纪工作规则》规定,监督执纪人员应当严格执行保密制度,控制审查调查工作事项知悉范围和时间,不准私自留存、隐匿、查阅、摘抄、复制、携带问题线索和涉案资料,严禁泄露审查调查工作情况。《中国共产党巡视工作条例》规定,私自留存巡视工作资料,泄露与巡视工作有关的国家秘密、工作秘密、商业秘密和个人隐私等未公开信息的,视情节轻重,依据有关规定给予批评教育、责令检查、诫勉、组织处理或者党纪、政务处分;构成犯罪的,依法追究刑事责任。

《中国共产党纪律处分条例》第一百四十四条对泄露、扩散或者打探、窃取党组织尚未公开事项或者其他应当保密的内容的违纪行为作出处分规定。党员干部必须充分认识保守党的秘密的重要性，严格遵守工作纪律，强化保密意识，对组织尚未公开的事项守口如瓶，自觉筑牢保密防线。

★ 条例链接

《中国共产党纪律处分条例》(2023年12月19日中共中央发布)

第一百四十四条　泄露、扩散或者打探、窃取党组织关于干部选拔任用、纪律审查、巡视巡察等尚未公开事项或者其他应当保密的内容的，给予警告或者严重警告处分；情节较重的，给予撤销党内职务或者留党察看处分；情节严重的，给予开除党籍处分。

私自留存涉及党组织关于干部选拔任用、纪律审查、巡视巡察等方面资料，情节较重的，给予警告或者严重警告处分；情节严重的，给予撤销党内职务处分。

84.

严禁违反考试、录取工作规定

★ 核心要义

能否严格按照规定开展考试、录取工作,做到公开公正、竞争择优,关系到党和国家事业发展,关系到社会公平正义。承担考试、录取工作任务的党员干部,必须提高思想认识,认真履行职责,严格遵守纪律规定,维护考试、录取工作良好秩序。

★ 纪律阐释

严格遵循规定进行考试与录取,确保过程公开、公正十分重要。实践中,个别党员干部将考试试题泄露给考生;与考生串通,在考试现场作弊;违反规定程序和条件,录用不符合条件的考生,或者使符合条件的考生不被录取等。

在考试、录取工作中违反规定行为的构成要件为:违纪行为的主体,是与各种考试、录取工作有关的人员;违纪行为的主观方面,只能由故意构成,即明知自己实施的泄露试题、考场舞弊、涂改考卷、违规录取等行为严重违反了有关规定，而故意为之；违纪行为侵害的客体，是国家的考试、录取工作方面的规章制度和秩序，同时该行为也侵害了不特定的他人通过考试、得以录取等相关方面的权利；违纪行为的客观方面，是行为人必须实施了在各种考试、录取工作中，有泄露试题、考场舞弊、涂改考卷等违反有关规定的行为。

《中国共产党纪律处分条例》第一百四十五条对在考试、录取工作中出现的泄露试题、考场舞弊、涂改考卷、违规录取等违规行为制定了严格的处分规定。执行考试与录取任务的党员干部，必须深化思想认识，忠实履行自身职责，毫不动摇地遵守相关纪律规定，以保障考试与录取工作的有序进行。

★ 条例链接

《中国共产党纪律处分条例》（2023年12月19日中共中央发布）

第一百四十五条　在考试、录取工作中，有泄露试题、考场舞弊、涂改考卷、违规录取等违反有关规定行为的，给予警告或者严重警告处分；情节较重的，给予撤销党内职务或者留党察看处分；情节严重的，给予开除党籍处分。

85.
临时出国（境）不得擅自延长期限、变更路线

★ 核心要义

临时出国（境）团（组）或者人员，主要是指因公临时派往国外、境外工作、学习、考察、访问不满一年的各类团（组）或者人员。实践中，有的临时出国（境）团（组）或者人员擅自延长在国（境）外期限或者变更路线，或是到风景名胜区旅游观光，或是购买个人物品，或是拜亲访友等，进行与工作无关的活动，严重影响出访工作正常开展，违反工作纪律。

★ 纪律阐释

临时出国（境）团（组）或者人员，肩负着特定的工作使命，他们因公临时被派往国（境）外，承担着工作交流、学习考察、项目推进等重要任务。然而，现实中部分临时出国（境）团（组）或者人员未能严守纪律，出现擅自延长期限的情况。例如，某科研单位应邀到国外进行为期一周的学术交流与科研合作洽谈，个别党员

纪律自觉养成课

干部在完成既定任务后,认为机会难得,私下商议推迟回国时间以便观光旅游,以上行为给国家和集体造成了不良影响和经济损失。

除了擅自延长期限,擅自变更路线的情况也时有发生。例如,某地方政府组织相关人员到国外某地开展招商考察活动,个别党员为了顺道拜访其在相邻城市的亲友,擅自变更路线,违反了工作纪律,扰乱了正常外事管理秩序。

临时出国(境)团(组)或者人员中的党员,应以身作则,严格遵守组织安排和外事纪律。上述擅自延长在国(境)外期限、变更路线的行为,严重违反党的工作纪律。这些行为反映出部分党员纪律意识淡薄,缺乏对组织安排的尊重和对工作任务的责任感,还造成公共资源浪费,影响工作任务的完成,损害国家利益。

《中国共产党纪律处分条例》第一百四十七条规定,对"临时出国(境)团(组)或者人员中的党员,擅自延长在国(境)外期限,或者擅自变更路线的",追究的是实施行为的直接责任者和领导责任者的责任。无论是提出建议的人员,还是作出决策的团(组)主要负责人以及其他人员,只要参与其中,都将受到党纪处分。并且,该行为不论是否造成不良影响或者经济损失,都要接受相应的纪律处分。这一规定通过严格的纪律约束,促使临时出国(境)团(组)或者人员中的党员强化纪律意识,严格遵守组织安排,保质保量完成好出访任务,维护党的形象和国家利益。

★ 条例链接

《中国共产党纪律处分条例》（2023年12月19日中共中央发布）

第一百四十七条　临时出国（境）团（组）或者人员中的党员，擅自延长在国（境）外期限，或者擅自变更路线的，对直接责任者和领导责任者，给予警告或者严重警告处分；情节严重的，给予撤销党内职务处分。

生活纪律

生活纪律 ★

86.
不得铺张浪费、贪图享乐、追求低级趣味

★ 核心要义

节俭朴素，力戒奢靡，是我们党的传家宝。生活奢靡、铺张浪费、贪图享乐、追求低级趣味，有违我们党艰苦奋斗、勤俭节约的优良传统。有的党员干部讲排场、比阔气，超标准接待；有的贪图享乐，追求物质上的过度满足；有的热衷于庸俗趣味和不良嗜好，如沉迷网络游戏、参与赌博等。这些行为不仅浪费社会资源，滋生腐败现象，还严重侵蚀党员干部的思想防线，使其丧失理想信念。党员干部应牢记初心使命，保持艰苦朴素的作风，崇尚勤俭节约，自觉抵制歪风邪气，把所有精力都放在为党分忧、为国尽责、为民奉献上，自觉远离低级趣味。

★ 纪律阐释

"吃苦在前，享受在后"是党章规定的党员义务，"尚俭戒奢"是《中国共产党廉洁自律准则》提出的明确要求。生活是工作的基

纪律自觉养成课

础，生活上做不到自觉自律，工作就难以做到清正廉明。然而，一些党员干部奢靡享乐、追求低级趣味，造成不良影响的情况时有发生。有的认为这些是个人私事，不会触及党的纪律要求。实际上，党员干部的生活作风和生活情趣，不仅关系到本人的品格和形象，更关系到党在群众中的威信和形象，对大众生活情趣的培养、对社会风气的形成，具有很强的示范、引导和促进作用。党员的先进性和纯洁性不仅要体现在工作和学习中，也要体现在日常生活中。

党员干部要从一点一滴做起，从日常生活严起，保持严肃的生活作风、培养健康的生活情趣，特别是要增强自制力，做到慎独慎微。要保持清醒头脑，以"检身若不及"的自觉要求自己、反思自己，主动查找是否存在生活奢靡、贪图享乐、追求低级趣味等问题，勇于改正自身的缺点和不足，确保在生活作风上清正廉洁、一身正气。

2023年修订的《中国共产党纪律处分条例》在第一百五十条增写了"铺张浪费"四个字，明确"生活奢靡、铺张浪费、贪图享乐、追求低级趣味，造成不良影响的"属于违反生活纪律，进一步引导广大党员崇尚简朴生活，守公德、严私德，以优良党风引领社风民风。

★ 条例链接

《中国共产党纪律处分条例》(2023年12月19日中共中央发布)

第一百五十条　生活奢靡、铺张浪费、贪图享乐、追求低级趣味，造成不良影响的，给予警告或者严重警告处分；情节严重的，给予撤销党内职务处分。

87.
要重视家风建设

★ 核心要义

党员领导干部的家风不是个人小事、家庭私事,而是作风的重要表现,是党风政风、社风民风的重要基石。党员领导干部不重视家风建设,对配偶、子女及其配偶失管失教,不仅祸害家庭,还直接损害党和政府的形象,给党和国家的事业造成危害。党员领导干部要以身作则、严以律己,带动家庭成员树立廉洁自律的思想观念,要注重言传身教,用自身的公正廉明,帮助子女扣好人生的"第一粒扣子"。

★ 纪律阐释

习近平总书记在二十届中央纪委三次全会上强调,要注重家庭家教家风,督促领导干部从严管好亲属子女。健康的家庭生活可以滋养身心,激励领导干部专心致志工作。反过来,党员干部的思想境界和一言一行又直接影响着家庭其他成员。群众看领导干部,往

纪律自觉养成课

往要看领导干部亲属和身边工作人员，往往从这里来判断领导干部是否廉洁奉公。能否妥善处理亲情关系，尤其是严格管教亲属子女，是检验党员领导干部党性修养与纪律意识的试金石。

然而，一些党员领导干部对配偶、子女及其配偶不当言行疏于管教、放任纵容，以致养痈为患，在社会上造成不良影响。例如，党员领导干部配偶、子女及其配偶利用家庭成员身份插手领导干部职权范围内的工作、人事安排，谋取不当利益，甚至出现违反社会公序良俗以及违法犯罪等行为。这些行为不仅损害党员领导干部的个人形象，更严重损害党在人民群众心中的威望，侵蚀党的执政根基。党员领导干部要带头抓好家风，继承和弘扬中华优秀传统文化，以及革命先辈的红色家风，做家风建设的表率，严格要求亲属子女，过好亲情关。

《中国共产党廉洁自律准则》要求党员领导干部"廉洁齐家，自觉带头树立良好家风"；《关于新形势下党内政治生活的若干准则》要求"领导干部特别是高级干部必须注重家庭、家教、家风，教育管理好亲属和身边工作人员"；《中国共产党党内监督条例》要求中央政治局委员应当"带头树立良好家风"；《关于加强新时代廉洁文化建设的意见》要求把家风建设作为领导干部作风建设的重要内容。一系列重要党内法规的制定出台，使家风建设由"软要求"变成"硬约束"。党员领导干部要带头遵守党纪国法，明大德、守公德、严私德，清白做人、勤俭齐家、干净做事、廉洁从政，管好自己和家人，努力成为全社会的道德楷模，带头践行社会主义核心价值观，把党的光荣传统和优良作风传承好、弘扬好。

★ 条例链接

《中国共产党纪律处分条例》（2023年12月19日中共中央发布）

第一百五十二条　党员领导干部不重视家风建设，对配偶、子女及其配偶失管失教，造成不良影响或者严重后果的，给予警告或者严重警告处分；情节严重的，给予撤销党内职务处分。

纪律自觉养成课

88.
在网络空间要言行得当

★ 核心要义

网络空间不是法外之地，党员干部更应时刻绷紧这根弦。随着新媒体快速发展，互联网作为舆论"放大器"的作用更加凸显。党员干部如果有不当网络行为，造成的不良影响也会更严重。近年来，个别党员干部在网络上公开发布炫富斗阔、铺张浪费等信息，发布、传播涉政有害言论，凡此种种，都严重损害党的形象和党群干群关系。党员干部在网络上无论是发表言论，还是游戏娱乐，都要牢记共产党员这个"第一身份"，不放纵、不越轨、不逾矩。

★ 纪律阐释

随着互联网快速发展，网络空间已经成为人们生产生活的新空间。2023年修订的《中国共产党纪律处分条例》在生活纪律中增加了对"违背社会公序良俗，在公共场所、网络空间有不当言行"的处分规定，切实规范约束党员网络言行，体现了加强全方位管理和经常性监督的鲜明导向。

网络空间具有传播便捷、信息量大、影响广泛、身份隐蔽、约束较小等特点。相比于"线下"的行为，在网络空间实施违背社会公序良俗的行为，其门槛可能会更低、破坏力可能会更大。现实中，有的党员、干部在网上发表不当言论，散布传播虚假消息、泄露敏感信息、炒作社会负面事件；有的在网上丑化、攻击、谩骂他人，贬损他人人格，损害他人名誉；有的在网络上宣扬崇洋媚外、封建思想、拜金主义、享乐主义；等等。这些行为引起广大群众或者社会舆论负面反应，给行为人自身名誉、行为人所在的党组织和单位造成了不好的影响，损害了党的形象。

党员干部在网络空间的不当言行，如果社会危害性较小，未造成不良影响的，通过谈话提醒、批评教育等方式处理。如果相关行为虽未构成违法犯罪，但造成不良影响，则应依据《中国共产党纪律处分条例》第一百五十三条进行处分。党员干部要做到慎独慎微、自省自警，在网上、线下都自觉遵守和维护道德规范，始终发挥表率作用。

★ 条例链接

《中国共产党纪律处分条例》（2023年12月19日中共中央发布）

第一百五十三条　违背社会公序良俗，在公共场所、网络空间有不当言行，造成不良影响的，给予警告或者严重警告处分；情节较重的，给予撤销党内职务或者留党察看处分；情节严重的，给予开除党籍处分。